22年目のバンブーロッド

秋丸修一

海鳥社

メイン作業，ロッド本体の竹材削り。作業服は
コットン100%。ウールや化学繊維は埃を吸い
付け仕事にならない。息を止め，一気に削る。

ブランクをオイルで仕上げ，グリップ
をナイフとサンドペーパーで削り出す。

理想のカーブを描くアキマル・バンブーロッド。そして我が愛すべき道具たち。

3Pc 10/64

ロッドが完成したら釣りに行こう。毛鉤とネットと糸巻器。

photo 相薗佑香

はじめに

私の釣りはフライフィッシング（西洋毛鉤釣《けばり》り）。

獣毛や鳥の羽で作ったフライ（毛鉤）を使って山女魚《やまめ》や岩魚《いわな》など鱒族を釣る。

鱒族が実際に食べるカゲロウなどの川虫やミミズなどの生餌は決して使わない。

毛鉤で鱒族を釣るフライフィッシング。それが私の釣り。それ以外の釣りはやらないし、知らない。

釣った魚は決して食べない。掛けたらすばやく取り込み、生きた状態で速やかに流れに放す。これはフライフィッシングでは当たり前。世界共通のキャッチ・アンド・リリース（以下、C&R）の考え方。

私の今から始まる物語もC&Rの考え方、思想をベースに描いている。

記述の中に「釣った」や「取った」という言葉が出てくる。釣りの結果を表す意味は同じ。ただ、「釣った」は「釣れた」ではない。あくまで私の意思で狙った魚を「釣った」のだ。

時に私の意思とは別に、魚から毛鉤に掛かってくれた「釣れた」は、「釣った」ではない。

「取った」は、食べるため、または獲物としての魚を「捕獲」したという意味の「捕った」や「獲った」ではなく、単に川から魚を一旦「取り込んだ」という意味。

私の釣りは数やサイズを競うのでも、また勝ち負けや順位を争うものでもない。

私のフライフィッシングは、川の流れを読み、英知の鱒との知恵比べの上で、完成された釣り道具を使い、磨き上げた技で美しく釣り、素早く取り込み、速やかに流れに放す――そこで完結する。あくまで「釣るためだけ」の釣りである。

そこにあるのは自身の満足感、達成感、そして美しい鱒と彼らが生きる清冽な環境で過ごせる心の充足感。


私の場合、フライフィッシングの体験があらゆるところで人生の幸福へと繋がっている。

私の職業は、フライフィッシング専用の竹竿、六角のバンブーロッドを作るバンブーロッド・ビルダー（西洋毛鉤鱒釣り竹竿師）。

好きが高じて27年前、脱サラして始めた仕事。人生のほぼ半分の時間を、フライフィッシングとバンブーロッド製作に費やしてきたことになる。

来年60歳を迎えるにあたり、自分の歩んで来た軌跡と現在を確認し、一度、さらりと整理・記録したいと思った。

まずは、中心に書き下ろし物語、そしてプラス私の軌跡を表現する上で過去に書き留めていたものと発表済み原稿への加筆が、構成上どうしても必要となる。それをもとに作業を進めていった。

ところが、執筆が終盤に差しかかった頃、フライフィッシングの世界では当たり前の用語、価値観や考え方の中に、どうも世間ではすんなりとは理解してもらえないことが多々あることを指摘された。

私としてはバンブーロッドにまつわる風景を中心に、日本と外国の鱒釣り世界をできる限り分かりやすく描いたつもりだが、「まだ説明が足りない」と。また、外国の鱒釣り文化、歴史、考え方やシステムなどの違いは「特に釣りをしない読者には理解しづらい」など。ちょっと困って考えたが、今更どうしようもない。変と言われても知りません。開き直って、最後まで書かせてもらった。

その上で言えること、少なくとも私にしか書けないバンブーロッド・ビルダーという特殊な職業とフライフィッシングという遊びの中にある楽しさと拘りについては書いた（つもりである）。それらを読者の皆様に少しでも楽しんでいただけたら幸福である。

２００８年12月

カット：ちかこ

22年目のバンブーロッド◉目次

22年目のバンブーロッド

8年越しの約束

今シーズンの9月最後の釣りで、1年ぶりに「YAMAME」ブランドの7フィート4番（213センチ、フライライン4番。ライン数字が大きいほど重いライン）のロッドを使った。

この「YAMAME」は、私がバンブーロッドを作り始めた頃の大切な思い出がしっかりと詰まったロッド。約20年後の今も現役で生きている。

優れたバンブーロッドという道具の寿命は、人のそれよりも長い。うまく使えば数十年はおろか、100年以上生きるタフな道具。

その証拠に、今友人の横山（隆道）先生（知る人ぞ知るバンブーロッド・コレクター）から私が預かっているアメリカの古い銘竿5本は、100年近い歴史が醸し出す重厚な鈍い光を放ちながら、現役ロッドとしてその存在感を堂々と示している。

昨日朝、急に背中右下部が痛み出した。

腹痛だろうと思いトイレに坐ったが、何も出ない。その内にどんどん痛みが激しくなっていった。その激痛の中で、完全に忘れていた十数年前の嫌な入院生活を思い出した。そのうち激痛で全く動けなくなった。カミさんが救急車を呼んだ。その間にも痛みはひどくなっていく。

えらく時間が経ってようやく救急車到着（ゴメンなさい救急隊員の方、痛さで時間の観念がなくなっていました）。担架に乗せられた。十数年前の入院時も救急車で運ばれた。その時は毛布を掛けられるのさえ、救急車のサイレンの音にさえ、痛みが増した。

激痛の間も、今回はそこまでないな、と思っていたら、工事中の道路にかかった車の揺れがそんな余裕を粉微塵に吹き飛ばした。脂汗の中、ただただ神に、仏に祈った。

病院に着いた。心電図、脈拍、血圧、エコー、ＣＴスキャン、そしてやっと痛み止めの座薬を若い女性の看護師さんが入れてくれた。

痛みの中、呻きながら、執筆中の単行本のネタとしてそのすべてを観察していた。

やっと座薬が効いてきたのか、痛みが治まってきた。

その後、痛みが嘘のように消えた。これがこの病気の特徴。

世界三大痛いの一つ、尿管結石だ。

痛みが治まると、以前の経験から間違いなく入院だろうと想像、それと並行して仕事のことで頭が廻り始めた。翌日の「竹竿塾」（私の主宰するプロフェッショナル・バンブーロッド・ビルダー養成塾）の授業の代行を頼むこと、執筆中の単行本の物語を病室で書くこと、そして予定していた7フィート6インチ（228センチ）・ロッドのバット（基竿《もとざお》）削りができないことで納期が遅れる心配、等々。

駆けつけたカミさんにできる仕事の指示をしていると、尿管結石の専門医・泌尿器科の医師Bがやっと登場した。時計を見ると、病院に運び込まれて2時間以上経っていた。

尿管結石の痛みは、石が膀胱《ぼうこう》に落ち、尿と一緒に体外に排出されればそれで完了。あなたの石はおそらくもうすぐ尿と一緒に出るから、病院としては何もすることがない、もう帰ってよい、とえらく簡単に言う。

こちらとしたら、あの激痛を考えると、色々な予防法や生活習慣改善、今後の対処方法など細かい説明を聞きたいのだが、さも忙しそうに、せわしそうに応対する。

先程まで処置してくれていた若い看護師さんや救急医A先生たちでさえ、その泌尿器科医師Bの対応についてハラハラしているのが私にも分かり、苦笑い。この総合病院よりもあなたの自宅近くの泌尿器科個人病院で診察をしてもらう方がよい、としきりに進める。

3分程で、もうこの冷血漢B医師にあれこれ聞くことを諦めた。

その後の救急医A先生の細かい説明がなければ、病院長にクレームをつけていただろう。

医者とは、患者の病状について本人に納得のいく説明をし、今後の不安を少しでも取り除いてやるのが彼らの役割だと思うのだが、この考えは間違っているだろうか？

どんな場合にもまず怒りを表面に出すことのないカミさんでさえ呆れた、専門医師Bの対応。どう考えてもプロの対応ではなかった。

その証拠に1時間後、帰宅した直後に再び激痛が私を襲った。結石がまだ膀胱まで落ちていなかったのだ。朝の時より痛みが激しかった。

あの時、もう少し病院で様子を見てくれていれば、痛み止めの注射で私の2回目の苦しみがもう少しは楽だったろうことを思うと、腹がたって仕方がなかった。

夕方、石が尿とともに出て一件落着だったが……。

私は激痛の中、仕事に支障が出ないようにと考えていた。ただそれは事後処理であり、「予防する」という意味で、私はプロとしての体調管理を怠っていた。

週明けに泌尿器科の専門病院に尿管結石の相談に行くことにした。


私はバンブーロッド・ビルダー。

死ぬのでは、と思える痛みの中で私が恐れ考えたのは、現在注文を受けてまだ納竿《のうかん》できていないロッドのこと。その数約50本。この数を製作するのに要する時間は約2年。最低2年は元気で作業を行うことがプロの努めなのである。

納期で思い出したのが、8年前に約束したロッドのこと。

ただ、このロッドは買ってもらったのではなく、プレゼント交換を約束したもの。

2001年、テレビの番組でご一緒した釣り好きの歌手で作曲家の伊勢正三さんと意気投合、番組収録後、

「私のロッドと交換で、私のために1曲作って下さいよ」

「OKだよ」

こんな約束が二人の間で交わされた。

その約束から1年程経った頃、伊勢さんから突然、荷物が届いた。中にあったCDを見て、ヤバイと思った。案の定、伊勢さんのニュー・アルバムだった。

あの番組収録時に話した内容、私の息子のサッカーのエピソード、カミさんと交わしていた庭のランタナの話、釣りの帰りに見た夜景の様子、スローなバラード・メロディーに乗って蘇るシーン。伊勢さんらしい温かい曲だった。

「かぐや姫」から始まり、「二十二歳の別れ」、「なごり雪」等のヒット曲を発表、常に第一線で活躍し続けている音楽界のプロフェッショナル・伊勢正三が、私のために本当に曲を書いてくれた。

さらりと約束を守った人間・伊勢正三。

番組収録時、微笑みながら彼が言った。

「釣りは大物を釣ること以上に、人との出会いが嬉しくて楽しいんだよね」

そんな言葉が鮮明に思い出された。

私は戸惑った。私には彼がまぶしく思えた。

プロのバンブーロッド・ビルダーとして、男として、少し自分が恥ずかしかった。何故ならこの時点で、まだ彼のロッドはできていなかったからだ。

半分言い訳に聞こえるかもしれないが、彼のロッドは難しかったのだ。

彼の釣り、キャスティングは、ロッドを完全に振り切って投げるスタイル。彼が使う16フィート（486センチ）から20フィート（600センチ）以上になるロングリーダー&ロングティペット・システム（長い道糸と先糸のシステム）のためのキャストは、どうしてもロッドを振り切らないと毛鉤を思う所まで運べない。

私のバンブーロッド・キャスティングの理想は、できる限り小さな力で、振り切らないこと。

この相反する条件でバンブーロッドを作る場合、どこで擦り合わせるか、それが難しい。ロッドとしてどう形にするか、かなり難しい。

しかしプロとしての約束。どうしてもそれは守らねば。

CDが届いて2年半後の春3月、なんとかこれでいけるのでは、と思える7フィート3番のソリッド・バンブーロッド（本体に竹肉が詰まった竹竿）を完成させ、大分の大野川で伊勢さんと落ち合って釣りをした。

私が通常作っているロッドのアクション（竿の調子）は、アクション・ポイントがティップ・トップ（先竿《さきざお》の先端）寄りにあり、曲がりが上からスムーズに下に降りていくプログレッシブ・アクション。このアクションだと曲がりの戻りが早いため、ロングリーダー&ロングティペット・システムでは投げにくい。

だからこの日の伊勢さん用7フィート・ロッドは、アクション・ポイントをロッド中央部辺りまで下げたミディアムスロー・アクション。これでいけると思っていたのだが……伊勢さんは気に入ってくれていたようだが、私はアクション・ポイントをもっと下に下げ、ロッド全体が均等に曲がるセミパラボリック・アクションが伊勢さんのキャストには合うと思った。また、ロッドの長さも、あと4インチ（約10センチ）か6インチ（約15センチ）位長い方が、ロッド曲がりの戻りに時間が稼げることで、伊勢さんのリーダー・システムには合っている。

申し訳ないが作り直しだった。

それからさらに3年が経った。

2008年12月、今やっと〝伊勢スペシャル〟のロッドが出来上がろうとしている。長さを7フィートから7フィート6インチに伸ばし、アクションはセミパラボリック・アクション。前のソリッド構造ロッドはやめて、ホローービルト（中空構造）にすることで、細身の本体で、軽くしなやかな、バネのあるスペシャルアクション・ロッドが出来上がる。

あとは彼の好みのグリップ・デザインを確認し、仕上げに入る。

来年2009年春、仲間たちと放流して育てた山女魚川で納竿だ。

また伊勢さんの笑顔が見られることを想うとワクワクする。

月が谷間を照らすだけの　わずかな明かりが
やさしく肩へ　降り注ぐような帰り道
山を下りた時から町の　コンビニの明かりが
まるで小さな発電所みたいに見えた

（「夏ヤマメ」より、作詞・作曲・歌：伊勢正三）

やっと彼が作ってくれた曲が心おきなく楽しめる。

8年かかってやっと納得できる〝伊勢スペシャル〟ができる。

これでやっと、プロフェッショナル・バンブーロッド・ビルダーとして肩の荷を降ろせる。

ここ十数年、師や先輩方の死が現実として重なってくると、死は私事としても気になり始めた。そこにもう一つの気にかかる荷がある。

私の死後のアキマル・バンブーロッドのこと。

一企業としての「アキマル」の存続を言っているのではない。お客様方に渡したロッドの修理やメンテナンスのことだ。

まず間違いなく、私の死後もアキマル・バンブーロッドは道具として長く生き続ける。

そのことに対し、プロとしてどう対処できるか。

その答えとして私は、「竹竿塾」で優秀な職人を、時間をかけ、じっくりと育てることにした。

私の納得のいく腕を持った職人・弟子君たちに、私の死後のアキマル・バンブーロッドのすべてを託すことにする。

ボルサリーノが似合う歳月

先日、36年目にして、初めてボルサリーノの中折れ帽を手に入れた。

学生時代に観た映画『サムライ』、アラン・ドロン演じる孤独な殺し屋の帽子が大人の象徴に思え憧れたのが最初である。

あれから36年、やっと〝本物の恋人〟に巡り会えたわけだ。高価で手が出なかったこともあるが、昔は中折れ帽の総称が「ボルサリーノ」だと思い込んでいたというお粗末、その頃に手に入れていたところで「猫に小判」だったろう。

次に中折れ帽を意識したのは、映画『インディ・ジョーンズ』。釣り用の帽子として英国製の中折れ帽をあれこれ被ったものだ。しかし、どれも30そこそこの人生を知らない若造には被りこなせない。

初めてカリフォルニアで釣った時、現地の乾いた空気とのあまりの違和感に中折れ帽を断念、以後三十数個のキャップが続いていた。

しかし2年前のある日、突然、キャップが似合わないと思えたのだ。

今度は歳がキャップを否定した。65キロが75キロに増えた体型、キャップからはみ出た丸い大顔。白髪・白ヒゲの53歳のオッサン顔である。

そこにトム・ハンクスが中折れ帽で現れ、大いに泣かせてくれた。そこでキャップが完全に消えた。

映画『ロード・トゥ・パーディション』のトム・ハンクスも歳を重ね、丸く渋くなっていた。『カサブランカ』のボギーしかり、『さらば愛しき女よ』のフィリップ・マーロー役のロバート・ミッチャムしかり、もう53歳のオッサンの頭には中折れ帽しか浮かばなかった。


今回手に入れたボルサリーノは、素材がウサギのファー、黒に近いダークブラウンのソフト・タイプ。なめらかで柔らかく、旅の多い私には形が自由に作れるのが嬉しい。これを仕事（釣り）の時に被ろうと思っている。クラウン（頭入れ）は他メーカーより深く、ブリム（ツバ）から垂直に立っている。クラウンの根元に細いロープ（1ミリ径の紐）が取り付けてある。その端を上着のピンなどに掛け、帽子が飛ばないようにするのだ。まさにボルサリーノ、職人の仕事。

このボルサリーノは、帽子店の主人の先代が仕入れた帽子。今はこのタイプは作られていない、とのセールス・トークに乗せられて購入した得意な帽子ではあるが、「今は作られていない」との言葉が気になった。

作られなくなった理由は、中折れ帽の存在自体が世の中から必要とされなくなったのだ。職人の腕を必要としない大量生産、ロー・コストのキャップや簡易帽しか世の中は許してくれないのだ。

私のやっている仕事、バンブーロッド・ビルディングの世界も職人世界、大いに身につまされた。幸いにも帽子と大きく違うところは、需要世界が最初から小さく、マーケットのサイズが昔より広くなったくらいである。

私の場合、幸運にもフライフィッシング・ロッドを作り始めて、今年（２００５年）25周年を迎えることができた。このことは少なからず私の作る竹竿を必要としてくれた社会が存在していたからにほかならない。オーダーしてくれるオーナー、応援してくれる家族、友人、バックアップ協力をしてくれるマスコミがある。そして、鱒釣りができる社会の存在の中で、バンブーロッドに意味が生まれるのである。

私の存在を許してくれた社会に対し、自分の役割を全うする意味で、私の竹竿作りの技術と考え方を次世代に伝えることを2年前から続けている。趣味の竹竿作りではない。職業人としてやっていけるレベルの、プロフェッショナル・バンブーロッド・ビルダー育成である。

ロッドを作る技術はもちろん、釣りができることの素晴らしさと、安易な妥協をしない職人として、大人の男として、一つの生き方を伝えたいと思っている。

たくさんの人には無理だが、年に一人か二人なら、確実な技術と考え方を伝えられると思う。その育成の場として、私は「竹竿塾」を開講している。


今年3月、「竹竿塾」の第1期生二人が2年の修業期間を終え、無事卒業していく。すでに私の下仕事ができるまでに成長してくれており、2〜3年後をめどにプロとして独立する。

その二人に、我が師・芦澤一洋《あしざわかずひろ》氏の晩年の言葉をはなむけとして贈りたい。

「……でもいいじゃない、釣りに行こうと思えば行けるのだから……」

病に倒れ、もう釣りに行けなくなった病床での芦澤さんの言葉である。

この短いフレーズの中から、彼の無念と残る者への大きな励ましのメッセージを読みとってほしいのだ。

卒業の記念品が楽しみだ。

卒業生には日本人帽子職人のハンドメイド中折れ帽を贈ることに決めている。ボルサリーノの中折れ帽を最後まで愛用していた芦澤さんのような大人の男になれ、という希望を込めて……。

昨年12月、竹竿塾生たちと近くの川に山女魚を放流した。日に1度か2度、山女魚のライズ（飛びつくこと）を見ると、何故かしらホッとする今日この頃である。

追記　12月に放流した山女魚たちは、3月の山女魚釣り解禁前に、禁止されている刺し網と投げ網でそのほとんどが密漁捕獲されてしまった。これが日本の川の現実。

春が来た

春が来た。
先日、左目が痛痒《いたがゆ》かった。
昨日2月24日、春一番が全国で吹いた、というニュース。
杉花粉も暴れたわけだ。
3年前突然、鼻水症状が現れた。
今年は杉花粉の量が史上最高とか……嫌な予感。
昨日、鹿児島に虹鱒釣りに行ってきた。
一日中釣ったが、鼻水も、涙も、痒くも何ともなかった。
釣り場周辺には「照葉樹の森」という表示があった。
寒かったが、魚は気持ちよく釣れた。
本当に良い森は、人間という動物も快く受け入れてくれる。

鼻水の出ない、泣くこともない、痒くない森を増やしましょう。

春が来た。

川辺の菜の花に勢いが出てきた。

家の中でユスリカが飛んでいた。


春が来た。

2月25日、静岡の河津桜《かわづざくら》が咲いているとのニュース。

福岡の桜は3月末から4月の頭。

桜の花びらにライズする桜山女魚を、今年は御側川《おそばがわ》にやりに行こう。

桜の季節には、やはり親父のこころは躍る。

ヨシ!! 決めた。

今年は解禁日3月1日に釣りに行こう。

熊本の白川《しらかわ》に決めた。と思ったら、例年この時期のお約束、年度末調整の河川工事で川はドロドロ、とのニュースが入った。

やはり慣れないことはやめておこう。

釣りを始めて30年、悪天候で釣りにならないのを家で願うことが、3月1日、山女魚釣り解禁日の私の恒例。

恒例行事をさぼると罰が当たって、私に山女魚が釣れないと困るから……。

神様、嵐を起こし、他の釣り人から山女魚をお守り下さい。


春が来た。

今シーズン用の新しい釣り道具の手入れをしていると、胸が騒ぐ。

帽子。

一つは、ボルサリーノのダークブラウンの中折れ帽の逸品を手に入れ、2月の虹鱒釣りや作業時の室内で被り、少し馴染んできた。

もう一つは、日本人職人にオーダーしたアンテロープ・ファーのブラウンの中折れ帽。これはクラウンの形とブリムの角度が今いち気に入らず、2度修整し直してもらった〝訊《き》かん帽（坊）〟。これをヘンリーズフォークに連れていって、アイダホの強烈な陽に当てて色を落とし、汗と埃のシミと汚れでフニャフニャにこなして〝相帽〟にする。

バンブーロッド。

今シーズンは3番ロッド（3番ライン用ロッド）中心でいく。

短く、軽く、シャープで、そして美しく繊細な3番ロッド。

長さは6フィート9インチ（約205センチ）の3ピース（3本継ぎ）。

これで尺山女魚《しやくやまめ》を取る。

4月の風が桜の花を舞い上げる。

淡いピンクの花びらが水面を覆い隠す。

もう一度風が吹き、濃い水色が顔を現すと、小さく水面が割れる。そして2分後、私とその波紋が琥珀色のシルクライン（シルク製のフライフィッシング用ライン）と繋がる。

そのシルクラインが今年の目玉。

何ともいえない、美しく透き通った琥珀色のシルクライン。

オイルを指につける。それをラインに軽く擦り付けていく。

ヌメル。

しなやかにクネル。

柔らかく重なる。

私の指が透き通った硬い肌を繰り返し撫でていく。肌は熱を帯び、艶を深め、溜め息の数だけ柔らかく熟れて育っていく。

シルクラインは月日をかけ、オーナー自身の手で育てていくかけがえのない釣り道具。

春が来た。

3月1日、天気が良かったので我慢できずに、12月に山女魚を放流した川で竿を出した。簡単に釣れた。放流時18センチだった魚体が30センチになっていた。

なーんちゃってね。30センチはウソ。23センチが1匹、放流した山女魚は年度末工事の濁りを嫌ったか、水温8度でドライフライ（浮く毛鉤）に顔を出さなかったのか？〝楽勝放流山女魚〟の予想は大きく外れそう。


春が来ました。

小カゲロウのハッチは12時半からです。例の左岸の土手で待ってます。

今年も思いっきり釣りましょう。

ネッ！　芦澤さん（私が唯一、師と仰いだ偉大なフライフィッシング・ライター。１９９６年没）。


春が来ない。

我が家の懐には春が来ていません。

田主丸スロー・ライフ

久しぶりに自分用の竿を作っている。

竿屋なのだが、注文竿の製作に追われ、案外に自分の竿は作れない。

今作っているロッドは、6フィート9インチ・3ピース・3番ライン。3番ライン用だが、軽くても4番と同じように強くて飛ばせるロッド。

3分以内に30センチ・オーバーの山女魚を取り込める腰と、常時17ヤード（約15メートル）前後を楽に投げられるロッドで、3番ライン指定。

これには理由がある。

昨年暮れ、近くの川に山女魚を放流した。流れには梅花藻《ばいかも》が数キロ続く、典型的里川。浅いベタ（水面のフラットな状態）のマッチ・ザ・ハッチ（魚が餌の水生昆虫を選び喰い分けること）のシビアな釣りになりそうなポイントが続いている。

そこで、フライラインの着水衝撃の強い、重さのある4番ラインより、軽く優しい3番ライン・ロッドなのだ。山女魚たちは順調に流れに馴染み、ライズ・リング（魚の採餌行動の時、水面にできる波紋）を広げている。

ここ田主丸《たぬしまる》町に居を移し、早7カ月。山女魚のライズを見ていると、やっと自分が都会・福岡の中心から移ってきたことが実感できるようになった。

福岡市から約50キロメートルの距離しかないのだが、生活模様の違いは、いやはや想像を超えて大きかった。

その1　ビデオ屋

映画が好きなので、福岡に居た時は劇場映画を月に数本、ビデオで月10本位観ていた。レンタル・ビデオ屋まで歩いて10分位だった。

引っ越しの片付けも終わり、ビデオでも観ようという話になった。でも、肝心のビデオ屋が見つからない。

国道沿いに1軒位あるだろうと気楽に車を走らせたが、行けども行けども、それらしき店がない。とうとう1時間半、延べで30キロ走った所でその日は諦めた。

帰って、南側に住むTさんに教えてもらい、翌日やっと、家から5キロ先の田圃の端に、プリクラ・ショップと一緒に並んでいた店を見つけ、一安心。

システムを聞いてみると、何と予約ができるという。

ところが、棚に並んでいるのは日本語吹き替え版ばかり、字幕スーパー版はほとんど借り手がないから仕入れないのだと。残念！

その日は気持ちがビデオになりきっていて諦められず、逆方向に15キロ、家から10キロの久留米市の端に1軒探し当てた。そこでやっと目的のビデオがあった‼と思ったら、日本語版しか残っていなかった。

1本のビデオを探し求めて20キロ。都会の垢が落ちないでいる。

その2　田主丸町の夜

ビデオの件でもうお分かりの通り、わが田主丸町は町の名が付いているが純然たる田舎である。

田舎の人は寝るのが早い。ＰＭ９時になると、大体我が家の周りの家から明かりが消える。我が家の外灯が消えたら文字通り真っ暗で、鼻を摘まれても分からないくらい。

その分、月と星のきれいなこと。本当に静かな夜である。

裏のＵおばあちゃんが朝、葱《ねぎ》を抱えてやって来た。

「お宅は夜遅《おそ》ーまで明かりが見えるばってんの、あぎゃん時間まで何ばしようらすの？（あんな時間まで何をしているの？）」

イヒヒと笑う。

前家のTさんが言う。

「昨日は寝るのが遅かったけー、眠たかー」

「なんでですか？」

「ダイエーが延長になったろーが（福岡ダイエーのゲームが延長戦になったから）」

Uおばあちゃんの言う時間も、Tさんの延長時刻も、PM10時のことである。

その3　夜の次は

ガチャーン、ドチャーン。

何の音だか喧《やかま》しい音がする。

寝ぼけ眼を擦っても、部屋の中はまだ真っ暗。当たり前だ、1月の朝の6時である。

1軒向こうの家で、この時間からブルドーザーで地面を掘っているような音。

もうこうなると布団を被っても眠れない、作業が1時間は続くのだから……。

軽トラが溝の石蓋をならしながら走り抜けていく。

春、耕耘機は戦車のごとく地鳴りを響かせ進軍する。

隣家の雨戸がガラガラと朝を告げるのは、夏は4時半、冬は5時半。

雨戸が開くと同時に、犬が甘えて泣き叫ぶ。それに負けじと鳥が鳴く。

秋は脱穀機が煙を吐いてゴジラの如く唸りまくる。

夜も早いが、田舎の朝はもっと早かった。

その4　鷺

私の家の近くは田圃と畑、植木の林と柿畑ばかりである。

典型的な日本の農園風景で、のんびりして広くて気持ちが良い。自然がたくさん残っていて、鳥も多い。

去年の5月、引っ越しの片付けが一段落したこともあり気持ちに余裕ができたのだろう、カミさんと二人で大喜びしたシーンがあった。

その頃、家の周りの田圃では耕耘機で土を耕す時期。耕耘機がモコモコ土とを耕していく。最初見えなかったのだが、耕耘機が方向転換すると、そのすぐ後ろを白鷺たちが20羽近く、スズメの学校のごとく並んで耕された土を啄みながら行進していく。

この辺りの米はれんげ米で、土がいいのだ。耕した土の中から虫やミミズなどのご馳走が出てくることを鷺たちは知っている。鷺に耕耘機を恐れるふうはない。耕耘機を運転しているお百姓さんも鷺など眼中にない様子で、ただただ土だけがモコモコ、モコモコ喜んでいるように盛り上がっていく。

青い空と土の匂い。五月晴れだった。

その5　昨日の友は今日の敵

その鷺たちが私の放流した山女魚を狙っている。

その6

そして4年が過ぎた。

春も良い。秋も冬も素晴らしい。夏が駄目。

夏は毎日、雑草との〝戦争〟である。敵は草だけはない。藪蚊の猛襲は防ぎようがない。

その上に自治会の合同作業。道路愛護作業だ。地域所有の山の草刈り作業だ。全員参加だ。参加しないと罰金だ。

これらの日常と、月と星の美しさ、景色の広さとを天秤にかけたら……今夜も円い月が窓越しに笑っていた。

3月1日、山女魚釣り解禁日

3月1日、山女魚釣り解禁日。

心躍ったのは……今は昔。

山女魚釣り解禁日の風景、その1

フライフィッシングを覚え初めの時期は、釣り友達と年の初めの頃から解禁日釣行《ちょうこう》の打ち合わせに興奮。2月10日も過ぎると、ソワソワと新しいリーダー（テーパー状になった道糸）や小物類を買いあさる。

フィッシング・ベスト、チャエストハイ・ウェーダー（胸までの釣り用長靴）、ハットにランディングネット（タモ網）、果てはバンブーロッドまで、完全装備で鏡前のシャドウ・キャスティング。そこで早くも尺上山女魚1匹。

それから悶々とした寝つけない夜が2週間。

とうとうやって来ました、待望の解禁日。

2月28日（29日）は夜11時、溜まり場の喫茶店か高速道路入り口で待ち合わせ。

高速道路を時速160キロですっ飛ばし、真っ暗闇の怪しい杉林の林道を脇目もふらず突き進む。

やがて林道は獣道へと様を変え、フロントガラスに覆い被さる雑木草の厚いジャングル。

時速10キロ、草を掻き分け何とか前進。

「亀のほうが早エ～」

とぼやく向こうに、かすかに聞こえる川の音。その音にバックミラーの二つの目がきらりと光る。

なんだかんだで3時間半。拍手と歓声の中、辿り着いた尺上山女魚100匹の〝秘密川〟。

水の音？　……ＯＫ。

橋の上からライトで川を照らす。

水の勢い？　……ＯＫ。

水の量？　……問題なし。

それでは一眠りとシートを倒す。が、誰も眠れない。そうこうしている内に景色が幽《かす》かに白んで来る……と、遙か彼方からハイビームの青い光。

「冗談じゃねーぞ」

「エッ？　ウッソー!!」

「やばい。こっちに来るばい！」

こちらも車のライトを点灯させ、自分たちの存在をアピール。「あっち行け！　シッシッ!!」と心でつぶやきながら、窓から〝敵〟が通り過ぎるのを確かめる。

もうこうなると、眠れない。誰となくトランクを開け、お湯を沸かし始める。

その2

私がフライフィッシングを始めた約30年前、山女魚釣りは山中でやるものだった……。

解禁日の頃、まだ山には雪もある。

朝8時、朝日の中で湯気の立つコーヒーをすすり、朝飯を食べ終える頃、目の前を二人、三人と明らかに餌釣り師風が通って行くと、毛鉤釣りにはまだ早い時間と分かっていても落ち着かない。なんとなくソワソワと全員が釣り支度。

5分で全員装備完了。

出発点の河原にお神酒《みき》をあげて、その年の好釣《こうちょう》と無事を祈願。

小石を流れ中央の大岩の上に3段積み重ね、我々の入渓点を他の釣り人に知らしめる。

そして釣りが始まる。

白い息で結ぶのは14番（10ミリ位のサイズ）のスーパー毛鉤ロイヤルコーチマン（孔雀の胴に、白いウイングの有名なドライフライ＝浮く毛鉤。当時はどんなに水温が低くても、水面に浮くドライフライしか使わなかった）。

シーズン第1投目は、底石と深さがあり、白泡が消える緩い流れの芯。

黒い水面を毛鉤の白いウイングが流れていき、前年春に出た大物ポイントで……出なかった……遙かに過ぎた浅瀬でポコンと魚が出る。

2回失敗の後、手にしたのは、まだ錆の残る20センチの可愛い山女魚。

そんなサイズでもシーズン最初の1匹。

弛《ゆる》む頬。そっと放し、後を狙うが続かない。

50メートル程で蛇行する流れを何回か曲がると、流れ中央大岩に重ねられた小石。先行釣り人に、そのまま釣り上がるか、大いに迷うが、

「大丈夫だべ⁉」

と自分に言い聞かせ、そのまま進む。第一級の大物ポイントは避けて、流れの緩い浅場を釣り上がる……。

昔は峠に雪が残るような解禁日の山中で、ドライフライでちゃんと釣れた。フライ（毛鉤）はハックル（鳥の羽毛）をしっかり巻いた14番、12番（12ミリ・サイズ）のメイフライ（カゲロウ）・パターンのみでOK。

九州の川ではエルクヘアーカディス（鹿の毛で巻いたトビケラ毛鉤）やソラックスダン（カゲロウの亜成虫毛鉤）など、まだ誰も使っていない時代、山女魚もうぶで野生的だった。

その証拠に、時折東京からやって来るフライフィッシャー（西洋毛鉤釣り師）の、ソフィスティケートされたシックで色の美しい小さなフライには、小さな魚しか出てこなかった。

天然魚がほとんどで、擦れていない山女魚が数多く泳いでいた。放流山女魚は鰭が丸く、そんな魚が出る川や放流山女魚を数多く釣る釣り人は馬鹿にされた。

そんな良い時代が確実にあった……とか何とか昔の記憶の断片をつなぎ合わせ、ここまで書いてきましたが、正直に申し上げます。

今年、32回目の3月1日を迎えるが、3月1日、山女魚解禁日に山女魚釣りに行った記憶は、遙か昔に3度か4度しか覚えていません。ゴメンなさい。

その3

時は流れ、現在の山女魚釣りは、放流山女魚をC＆Rのルールのもと、里川で釣るのが全盛となった。

　私も50代最後を迎えるオヤジとなった。それも幾多の釣りと人生の辛酸をなめ、夢も期待感もないひねたオヤジ。そこで今ある私の結論。

　3月1日、山女魚解禁日には絶対に山女魚釣りには行きません。

　餌釣りもルアー釣りもフライフィッシングも、釣り人が多すぎます。

　恒例のお祭りのようなものだから……と誘われても、失礼します。

　解禁日は魚も餌に飢えていて釣りやすい分、釣りの面白さに欠けると思えるから。

　私の山女魚釣り解禁日は、3月中旬から4月頭のウィークデー。

　解禁のお祭り騒ぎが消え、釣り人の数が激減するこの時期になると、餌をしっかり摂った山女魚の体にも力がみなぎる。その時期までに釣り人から受けたプレッシャーから簡単にフライをくわえなくなる。それは釣りのゲーム性が上がるということ。それからだ、ひねたオヤジ・フライフィッシャーが動き出すのは。

　そもそもフライフィッシングは漁ではないのだから、体力のない、飢えていて簡単に釣れる山女魚を何十匹も釣るものではない。5匹も出会えれば御の字。山女魚の体力がつくのを待って、それから挑むのが釣り師としてのプライド。

　擦れて餌を選ぶ英知の大山女魚との知恵較べの釣りが、真の山女魚フライフィッシング。

２００８年３月１日は、家に居ます。

家で護摩を……は大袈裟だから、線香を焚き、大雨、大雪、大風を祈願しています。

他人の不幸は蜜の味。

今後も線香を焚き続け、10年後、誰にも負けない〝ひねくれ爺・フライフィッシャー〟を目指す。

と言いつつ、シーズンが終わった。あえて宣言を撤回する。

来年の解禁日は出動する。

今年の九州の山女魚川はひどすぎた。全滅だった。

そこで昔、思うところあって手を引いていた山女魚放流活動を、あえて再開することにした。

まずは２００９年１月、熊本の川に山女魚を仲間たちと放流する。その状況調査を兼ねて、３月１日の解禁日に久しぶりに出動する。

5月、フライフィッシング・バンパイアの季節

外気はぬくぬくとはずんでいる。

風は一月《ひとつき》程前のかたいものとは違い、生きるものすべてを包み込むようにして流れていく。

川岸には、生まれて間もない若葉を茂らせた猫柳。その後ろにはベージュ色の直立する葦のジャングル。前の年の残骸であろうその乾燥した群れの足元には、これから一挙に伸び上がろうとする緑の若茎たちが見える。その向こうには雑木の森。

すべての若葉たちが肉を厚くして、濡れたように光っている。その森に薄桃色の山桜が一本揺れている。

対岸の土手には、この山桜と対比をなすように菜の花が艶やかに咲き乱れ、その上をモンシロチョウが舞っている。

バックにある空はあくまで青く、果てしなくぬけている。

その空を映して、流れがキラキラと息づいている。

水量は多くもなく、少なくもない。おだやかに、透明に、まろやかに流れていく。流れの幅も大きくはない。

山吹色のヒメレンゲをつけた小岩と小さな段差で続く、典型的な里渓である。

その小さな段差が生み出した白泡は、激しいそれではなく横にやわらかく広がり、短く流れて下段へとつながっていく。その白泡横のフラットな水面近くを、数匹のカゲロウたちが温かな風に乗り上下している。

水面近くを直線にカワガラスが飛んでいく。彼の体と同色の濡れた黒岩に止まり、両足を揃えて跳ね歩く。時折、水中に頭から突っ込んでいき、餌をあさっている。

時は皐月。

森羅万象、すべての生物が生命を謳《うた》う季節である。

毎年のことではあるが、やはりこの季節には私の心は弾んでしまう。花や木や虫たちの心が踊るのと同じように、私の心も飛び跳ねるのだ。

私はこの季節が最も好きなドライフライ・フィッシャー。狙いはキラキラと輝く渓流の宝石、日本の誇るオリジナル陸封型サーモン、山女魚である。

私はこの山女魚とフライフィッシングに取り憑かれた。

職業はフライフィッシング用のバンブーロッドを作る、正式名フライフィッシング・バンブーロッド・ビルダー。通称バンブーロッド・ビルダー。

山女魚とフライフィッシングに人生を狂わされた一人である。

そうなのだ、この山女魚とフライフィッシングは人間を狂わせる。

「毎日釣りのできる方法はないだろうか?」

「明日も釣りをやりたい。仕事を休む方法はないだろうか?」

「釣りで飯が食えないだろうか?」等々。

最初は単に思いめぐらす程度。それがだんだんエスカレートしていく。そして欲望はふくれあがり、爆発の危険を常にはらんだ状態になる。それも若者だけではなく、子供を持ったりっぱな大人たちに、である。

思うにこれは一種の恋愛。それも相手は、私と同年代にしか分からないだろうが、往年の名女優ブリジット・バルドーのような妖婦《バンプ》。

自分のことを気に入ってくれているようだと思えるそぶりに近づくと、スーッと逃げるのだ。逃げながらこちらを見て微笑みかける。その逃げる様がいっそう男を燃え上がらせる、あの感じ。

手に入れにくい相手ほどいっそう欲しくなる、あの心理。

釣れないから工夫する。

難しいから頑張って努力する。

すると、少し釣れる。

ようやく少し釣れるようになったと思い、先日良かった場所に行ってみると1匹も釣れない。しかし、魚のいることは確認できるのだ。

何が悪かったのか、原因が気になって眠れない。フライか、水温か、時間帯か、プレゼンテーション（毛鉤の投射方法）か。

次の釣行《ちょうこう》までに作戦を組み立て直し、再度挑戦する。

しかしこの結果が必ず良いとは限らない。だからまた燃える。そしてその当人たちに自覚症状のないところが、まさにバンプ的なのである。

フライフィッシングというバンパイアに生血を吸われながら、当人は恍惚の表情で渓をさまよい歩くのだ。

宝石に、恋に、バンパイア。すべて人を狂わせるものばかり。

そしてこの狂いの度が激しくなるのが、また皐月――5月なのである。

1986年　37歳の5月

＊

２００8年5月、私はまだ本物のバンパイアにはなっていないが、今日もバンブーロッドを振りながら熊本の山深い渓をさまよい続けている。

ほんとうの渓

37歳。最近自分の釣りが変わってきた。

型より数より、納得できる1匹の釣りが良くなってきた。同時に釣りの周辺のことが気になってきた。渓とその周辺の風景がやたら頭に残るのである。

「年よ」とカミさんは言う。それもあるかも知れない。だが、本当の原因はもっと別にあるようだ。

3歳の娘と2歳の息子に起因しているのだ。彼らとの釣りを夢見るようになってから、渓とその周辺の風景が気になりだしたのである。

彼らと一緒に釣りができるようになるまで、少なくとも今から10年はかかるであろう。その10年、魚は待ってくれるだろうか。渓は今と同じように流れていてくれるだろうか。自然のすべてが子供たちを喜んで受け入れてくれるだろうか。

答えはかなり微妙なところだ。なぜなら、年々渓が悪くなっているからである。

私がフライフィッシングを始めてわずか10年だが、このわずか10年の間に、行かなくなった渓が何本になるだろうか？　両の手を使っても足りない。全部が名流と呼ばれる渓たちだった。魚が極端に少なくなり、景観が完全に変わり、ゴミばかりが目につくようになった。

このゴミこそが厄介なのである。なぜなら魚の少なくなる原因の一つは、人間が生み出すゴミにあるのだ。自然の条件が昔のままであれば、魚たちはまちがいなく健康に元気でいられるのだ。それを駄目にしているのは私たち人間なのだ。

塵芥……これが渓を駄目にしている原因の一つである。『広辞苑』に「塵芥」の説明として、

①濁水に溶けてまじっている泥

②ちり。あくた。ほこり。また、つまらないもの。無用のものとある。読みは「ゴミ」、このゴミが渓を駄目にしている。思い浮かべてみただけでも次のようになる。

大根、玉葱、キャベツ、ジャガイモ、サトイモ、スイカ、ミカン、クリ、塩鯖、豚の死骸、犬の骨、猫の死体、牛の首、ニワトリの足、自転車、リヤカー、傘、茶碗、皿、箸、

鍋、釜、布切れ、網戸、空き缶、ビニール袋、発泡スチロールのパッケージ等々、ざっとあげただけでこれだけある。全部が正常な姿であれば、衣食住事足りてしまう。つまりゴミとは人間生活から出る無用の物、つまらない物のことをいうのだ。

『広辞苑』の説明①も、やはり人間が作り出しているものだ。昔、大雨が降っても濁らなかった渓が、今は濁るのだ。原因はやはり、人間のやった林道工事や伐採である。

林道工事の時に削られた泥が渓に落ちる。伐採され禿げ山になった斜面の泥を洗い流す。辿り着く所は渓である。

泥は岩を覆い、川底を赤や白に変えてしまう。やがて魚の食糧源である水生昆虫たちが棲息できなくなり、餌のなくなった魚たちは死に絶えることになる。

私の小学生の頃の話になるが、学校でゴミは「護美」と書くと教えられた。ゴミを散らかすと怒られたし、教室のゴミ箱には「護美箱」と確かに書いてあった。昔のゴミはそうだったのだ。ゴミは護美で、美を護《まも》っていたのだ。昔のゴミはしぜんに腐敗し、溶けて土に吸収され、栄養分となり、やがて花を咲かせていたのだ。

その「護美」がいつの間にか、自然に同化しない不変のプラスチックや発泡スチロールのただのつまらない物、無用の物になりはてた。

問題はそれだけにとどまらない。魚の死や渓の死は、大きくは地球の輪廻の狂いも意味している。伐採などによる森林破壊は砂漠化を促進させ、地下水を減少させ、洪水の激化を招き、乾期の水不足を決定的にする。炭酸ガスの濃度が増し、地球を覆う。気温が上昇し、地球規模の気候変動が食糧生産に深刻な打撃を与える。アフリカの飢餓問題はその現れである。

食糧危機は第3次世界大戦を生み……などと考えたくはない。しかし渓周辺の景観の変化が充分、以上の危機感をはらんでいることはまちがいない事実なのだ。

子供たちは今日も元気に飛びはねている。彼らを見ていると、未来は悲観するものではなく、希望し、夢見るものであることを教えられる。

確かに年々、渓や自然が確実に悪くなっている。しかし私たちは人間という自然界の一員なのだ。その一員が自らの手で自分たちの住処《すみか》を完全に駄目にする愚行を、このまま続けるとは考えたくない。やはり未来は希望したい、私はそう思う。

＊

1987年、私は自身の著書でこう書いた。

それから21年、ご存じのように地球温暖化は進み、異常気象は世界各地で大災害や大旱魃《かんばつ》を招いている。

九州の山女魚河川は、森林の伐採と台風、水害、河川工事などで、消えるか、〃山女魚川〃とは名ばかりの水路に変わり果てた。わずかに残った私の山女魚川で普遍の存在感を示すのは、魚ではなく最強のゴミたちである。

２００８年、私にはこう報告することしかできない。

生命を持つ糸巻器

キッキッキーァキッキッ

キッキッキーァキッキッ

私の所有する最も古いリールの音だ。

正常ならば〝キッキッキッキッ〟と同じ音が続くのだが、私のマーキス（リール名）はそうならない。〝キッキッキーァキッキッ〟である。

1980年、私がある男に貸して以来、私をなじるのか、責めるのか、3番目の〝キッ〟が〝キーァ〟と泣くのである。

男から返って来て以来、こんなふうに泣くのである。

返って来た直後は廻りさえしなかった。外側フレームの溝は潰れ、中心軸が完全に曲がり、ほとんど動かなくなっていた。

情けなかった。借りた男が、リールを傷つけたことに何も触れず立ち去った、そのことより、そんな男に道具を貸した自分が情けなかった。

私が自分の使っている道具を貸す時、それは少なくとも相手を信じて預けるのである。自分の子供を相手に託すようなものである。

その〝子供〟が帰ってきた時、心に大きな傷をつけられていたのだ。一生消えない大きな傷を……こんなふうにぐずぐずと言う自分が情けなかった。

皮のケースに入っていたリールは、何事もなかったように私に返された。笑顔でその男と別れたくらいだった。リールをケースから取り出して、初めて驚いたのである。

決して騙されたなどとは思わない。そんな男を見抜けなかった自分が情けないのだ。

英国ハーディ社の名リール、マーキス＃４（ナンバー４番）。少しラチェット音がくずれているが、いい人生勉強させてくれた現役のリールである。

このマーキスが11年前、最初に手に入れたリールである。他にガンメタル・カラーのマーキス＃４を２個持っている。

その他に、同じハーディ社のリールでウェイトフォワード・ライン（ライン先端が太いフライライン）４番適合のフライウェイトが、昔山女魚釣り用に常用していたリール。

１９８４年春、四国の安居《やすい》渓谷でアメノウオ（雨子《あめご》）を釣った。二日目、その日は雨が一日しょぼしょぼと降り続いた。

この雨が幸いしたのか、釣りはかなりいい内容だった。流れから上がり車に乗り込む時、濡れながらあわてて着替えをした。車が発進する頃にはもう暗くなっていた。

車は10分程曲がりくねった渓谷横の道を走り、国道に出た。雨は変わらず降っていた。

国道に出て5分位走った時、「カラン」と何か音がした。助手席に座っていた私には何か車から落ちたように聞こえた。

「今、何か落ちなかった?」と私。

「何かはねたのが、車に当たったのじゃないかな?」と運転手。

車は停まらず走っていく。

「いやー、確かに何かが落ちたようだったよ」と私。

「そうですか?」と運転手。車はまだ走っている。

「落ちたような気がするけどなー」

そこでロッドのことを思い出した。

「ところで僕のロッドは……? アッ、停めて!! ロッドだ!! 今落ちたのはロッドだ!!」

この声に車が急停車。あわてて車を飛び出した。目の前を車が1台走り去っていった。

「しまった!!」と思った。

全力で駆けた。１００メートル程引き返した暗闇の路上に、リールをつけたままのロッドが落ちていた。

先程、渓から上がり、着替えをする時、リール付きのロッドを車の屋根の上に置いたのだ。雨に濡れるのであわてて着替えたため、ロッドをそのまま屋根に置き忘れた。そのロッドが雨で濡れた屋根に張りついて、何キロメートルか走る間は落ちなかったのだ。

拾ったすぐの暗闇では気がつかなかったが、やはり走り去った車に轢かれていた。グラファイトロッドはバット（基竿）の部分が割れたように折れ、リールも外側のフレームが内に食い込むように曲がっていた。

ロッドは完全に駄目だったが、リールはペンチで強引に元に戻した。傷は残ったが、次の日から、元の正常な姿で機能してくれた。それがフライウェイトである。

それまではマーキスの使用頻度が高かったが、それ以来、このフライウェイトが私の山女魚釣り時の主役リールになってしまった。

ここまではグラファイトロッド用に使っていたリール。

１９８７年、バンブーロッドを常時使うようになってからは、リールが全体的に重い物に変わった。グラファイトロッドには軽いリールが、バンブーロッドには重いリールの方がバランスがよくなるためだ。

1986年以来、アメリカでの鱒釣り旅が始まった。鱒は50センチ以上の大型が多いため、リールにはバッキングライン（フライラインの下に巻かれる数十メートルのダクロン製力糸）が必要、当然糸巻き量の大きいリールを使うことになった。そこから使い始めたのがハーディ社のフェザーウェイト。外形デザインは先記フライウェイトと同じだが、径が大きくなっている。

5回目か6回目のアメリカ旅だった。モンタナ州の大鱒釣りの名流ビッグホーン川でレインボー鱒を釣った時の思い出。

この時は、ゲストと一緒にフィッシングガイドを雇ってのボート・フィッシング。川をボートで下りながら、岸からは狙えない沖目の大物を釣るのだ。

釣りを始めて2時間、ゲストに良いサイズが釣れたことでやっと私も本格的に釣りが始められた。

ボートを浅場に止め、大物の潜んでいそうな瀬の開きに狙いをつけた。充分な深さもあり、大物のつきそうな大岩も水中に見える。私は水中に立ち込み、鉛をしっかり巻き込んだヘヤーズイヤー（沈む毛鉤）の12番を投げた。一発で目印が水中に引き込まれた。

大きくロッドを合わせようとしたが、魚が急流に走る力の方が強かった。

ロッドを45度の状態から起こせない。フェザーウェイトがジャージャーと逆回転の悲鳴を上げ続ける。25メートルのフライラインがみるみる無くなっていく。

そのリールの回転を止めようと右手を出した瞬間、ぬめる水底の岩に体のバランスを崩した。

「痛!!」

右手小指に走る激痛。ハンドルが右小指を弾き飛ばしたのだ。

その痛さを我慢しつつ、ハンドルに少しずつプレッシャーをかけ、何とか魚の走りを止めた。止めたが魚が寄らない。魚が急流の力をうまく利用して重く抵抗する。それでもなおロッドを起こした。魚は動かない。ロッドは極限まで曲がって硬くなり、キリキリと音を立てる。それが20秒程続いて、魚がやっと上流に動き始めた……。

結局、この魚は取れた。取れたが、私から3メートル先の深みまでしか寄せられず、フィッシングガイドが長柄のランディングネットでギリギリ掬《すく》った。

サイズは60センチ、メスのレインボー鱒。

使っていたバンブーロッド、7フィート6インチ（228センチ）4番は、フェルール（ジョイント）の下5センチの所、ブランクにクラック（ひび割れ）が走り、以後このロッドは使えなくなった。

フェザーウェイトはハンドルが30度位曲がっていた。ハンドルは何とか直った。魚との遣り取りでロッドをお釈迦にしたのは、これが最初で最後。悲しくもあり、嬉しくもあり、今となっては最高の思い出。

それ以来、大型鱒を狙う時は、ゲンを担いで必ずこのリールを使う。1975年購入の逸品である。

現在、山女魚釣りにも鱒釣りにも使っているのがもう1台。バイメタル45というブラス製リール。デザインと性能が良いので愛用している。使い始めて4年、傷がつき、ブラスが色を濃くしてきた。ただ、まだ語れるほどの旅はさせていない。

その他のリールにはたいした思い出はないが、どれもかなり傷ついている。それがいい。その傷こそが重要なのである。

新品で傷のない道具は、まだメーカーの作った道具でしかない。単に新しいだけの美しさである。それが使われることでオーナーになじんでくる。傷つき、オーナーと旅することで、メーカーの作った道具からオーナーの道具になり得るのである。そうなった時に、真の〝道具〟と言える。

私と行動を共にしているリールたち、そのツラ構えたるや、単体で主役をはれるまぎれもない道具のそれである。

プロで生きるということ

6月10日、いよいよ本格的に降り出した。

梅雨になると作業場の明るさが落ちるのが気になる。

通常私は、窓から入る自然光だけで作業をやっている。雨の日は北側2枚、東側2枚、全窓のブラインドを上げ、できるだけ明るくしてみるのだが、限界があって、昼間でもライトが必要な時がある。特に細かい作業になるラッピングは、老眼が進んだ今、明るくないと仕事にならない。

今日は運悪くその雨のラッピングの日。

ラッピングとは、ロッドに付ける金属製のガイド（この中をフライラインが通っていく）を絹糸で巻きとめる作業。

まず、裁縫用の絹のミシン糸50番、太さにして0・2ミリで、ロッド本体に金属製のガイドの端を5ミリ幅で巻き止める。

0・2ミリの糸をきつめに張りながら、隙間無くビッチリ30回巻きつける。隙間があると下地の竹色が見え、色ムラに見えて汚くなる。また、糸目を均等圧の張りで巻かないと、次の作業コーティングで、巻きのきつい所と緩い所の色目に差が出て、これまた汚くなってしまう。

ライトが絡む梅雨時期には、糸を摘んだ指の汗で糸色が変わる。これも駄目。なにせ、梅雨から夏の終わりまでは駄目駄目づくしのラッピング行程である。

糸巻きが完成すると、次がコーティング。塗装作業だ。

ラッピングをやっただけでそのままロッドを使ったのでは、糸はすぐ切れてしまう。それを塗料で美しく防水・防腐・保護強化するのがコーティング作業。

空気が動いている日中は、塗料が空気中の埃を拾って作業ができないので、空気が落ち着き、家人が寝静まった深夜に行う。夏でもエアコンが使えず、その上にライトの熱で汗が絡み、作業はさらにやりづらくなる。

私が使うのはネオレタンというウレタン系の塗料。通常のウレタンは塗装面の両端が膨らみ中央が凹む。だが私のネオレタンは改良型で、塗装面がフラットに美しく仕上がる。

本剤6・硬化剤6・溶剤シンナー6の割合で混ぜたサラサラの塗料を一日1回、ラッピングした部分にだけ塗っていく。

この作業を7回から8回（7日から8日）塗り重ねると、糸目の凸凹が消え、フラットな5ミリ幅の美しい光沢のあるコーティングが完成するのである。

と、前置きはこのくらいにして、そのコーティング作業の時に使う道具は、毛筆を使うのが一般的。

私も25年前毛筆でやり始めたのだが、どうもうまくいかない。筆がサラサラの塗料を吸いすぎるのだ。結果、塗料が必要以上に乗り、面積以上に汚くはみ出るのだった。

ロッド1本分、一日1回の作業で使う塗料の量はというと、例えばマッチ棒を水に漬け引き上げる、その時垂れるその一滴が基準。本剤6・硬化剤6・溶剤6の計18滴、こんなもの。毛筆をそんな微量の塗料の中に漬ければ、一発で全部吸い上げてしまう。私にはどうしてもうまくいかなかった。

そこで考え出したのが竹べラ。5ミリ幅の竹棒先端をナイフの刃のように薄く、鋭く紙ヤスリで研ぎ出す。それをさらに3・5ミリ幅にナイフでカット。

この竹べラなら塗料を吸い込むことはない。ヘラの表面に塗料が着くだけ。その量を塗る分には、糸幅をはみ出ることはまずない。糸の際も、ヘラの角を使えばギリギリまできっちり塗ることができる。

これは完璧なロッド用塗装道具である。最初の竹棒の削り出しベラから改良して、今は茶道具の茶匙を削って使っている。

これは誰に教わったものでもない。何かうまい方法はないかと頭を捻って工夫を重ねていたら、ある時竹ペンを見て思いついたのだ。

これと同じように、私の作業方法や考え方が一般的ではないことが多々あることを、2003年に開塾した「竹竿塾」の弟子君たちに指摘されるまで知らなかった。なにせ他人のやり方を気にかけたことがなく、比較論がなかったからだ。

弟子君たちに私のやり方を伝えた時の彼らの不思議がり方や驚き方がひどくて、教えるこちらが何か嘘を教えたのでは、と聞き返すくらいの反応がたくさんあったのを思い出す。

例えば、コルクのロッド・グリップ（握り）の成型は、モーターで回転させながらヤスリで丸棒に成型するのが一般的。私も最初はその方法でやっていたが、きっちりとした正確な正円は私たちの手に入るような機械、モーターでは出せない。また逆に、精度の高いモーターでは正円しか出せない、つまり楕円はできないのだ。

モーターで作った均等の丸棒の感触は、良さそうであまり良くない。グリップ下端、小指から掌が当たる部分だけ太い方が、握り具合が良いのだ。その部分だけを正円ではなく楕円にしたい。

それを作るために私は、グリップ全体を市販のカッターナイフで削り出すことで、どんな形でもできるようにした。目で見て調整していけば、私物のモーターで出せる正円の精度は簡単に出せる上に、どんな形もOKである。モーター5分に対し、作業に慣れた今でも1時間半と時間はかかるが、良いロッドを作るためのたかが1時間半である。

竹の曲げ取りにはアルコールランプを使うのが一般的。私もアメリカ人の師匠にそれで習った。しかし、すぐその方法はやめて工業用ドライヤーを使うようにした。

曲げ取り時、一般的に水は使わないが、私は曲げたい箇所に1滴水をつけ、ドライヤーで熱し曲げを取る。ドライヤーで熱せられた水が水蒸気になり、竹の中を潜り抜けると、曲げ取りが簡単にできる。水分は飛んでしまい竹内には残らない。

サンディング（ロッド本体＝ブランクの表面削り）には和式の面出し鉋とサンドペーパー、そして三角に折ったサポートペーパーを竹棒下に敷き、竹面のツラを上げ削りやすくする等々。

どれも習ったわけではない。自分が作業をやっていく上で、結果として美しくて使いやすいロッドを作るためにどうしたらよいかと工夫を重ねてきたことから、しぜんと生まれたオリジナルの方法である。

この独自の方法の積み重ねが、私のロッドのオリジナリティに繋がったと思っている。プロで生きていく上で、オリジナリティ、その人の〝色〟、これは非常に大きな要素である。独自の〝色〟を持った美しく使いやすいバンブーロッド。

それがすべてだった。

結果、私はプロとして今日まで生きてくることができた。

その上で私が言えることとは、どんなに素晴らしい作業方法であろうと、結果として良いものができなければその方法に意味はない。また、継続して作り続けられなければ真に良いものは生まれない。継続してやり続けるためには食っていかなければいけない。

私はアーティストではない。プロの職人でありたいと常に思っている。作るということ、表現することで完結を望んではいない。

プロとは、それを生業として、それで食っていくということ。これがプロとして25年、生きてこれた私の実感である。

プロは結果である。結果として良い方法、良いもの、正しいものが残る。これが世の常であると信じたい。

先記の竹ベラは、茶匙の両端を削り、25年使い続けている。最初160ミリあった長さが、

１３７ミリにまで短くなった。ストローカラーは渋く、飴色に色を変えた。こうなるともう手放せない。〝愛竿〟に負けない〝愛ベラ〟である

弟子君たちよ。私に新しい作業方法を見せてくれ。「習う」という気持ちでは私を超えられないぜ!!

いつの世にも評価される良いロッドを作ろうぜ！　そうすれば結果、君も生き残れる。

ナーンちゃって。たまにはカッコつけてもいいでしょ!!

目覚めよ！　萎びかけた釣り心

1

その位置で〝それ〟を探し始めて40分。水面に変化が現れることはなかった。

眼前には、ただただ平らで広大な水面が右から左に広がっている。顔を右から左に大きく動かすことでしかその全貌を把握できないほどの広さで、その川は存在していた。

初めは時折風が吹き、滑らかな水面に小さな波を作っていた。しかし、風の止んだ今、水面は空の青さと白い雲を映して、動いてはいないように静かに広がっているだけだった。

AM10時48分。

目線を3メートル程の近くに落とす。

流れていないか……流れていない……いや、流れてきた……〝それ〟を目で追う……1メートル、2メートル、3メートル……、〝それ〟は水面からフワリと空中に舞い上がっていった。

始まったか⁉

視野を広げる……他には流れていないか⁉　……依然として水面に変化はなかった。

気温37度。

遙か遠く、白い飛行機雲が青い空に白い線を延ばしていく。

身体を起こす。

くわえていたセージの小枝を水面に投げるが、届かなかった。

音は……ない？　……目を閉じて耳を澄ます。

……微かに聞こえてきた、水面が時折、わずかによれるピロピロという音。

風は……ない。

周りには50センチ丈の低いセージとグラスの乾いた草原が、水面と五分《ごぶ》の広さで存在を誇示しながら視界限界まで広がっている。

私は一旦、〝それ〟を諦め、もう一度腕枕で仰向けに寝転がった。

青い空がサングラス越しにも眩しかった。サングラスを取り、愛用の帽子を顔の上に載せ、目を閉じた。

青草とセージの香りが鼻をくすぐり、微かな風が手首を撫でていった。

草の揺れる気配が感じられた。

音を意識した……が、やはり聞こえる気配はなかった……そして意識が消えていくのを心地良く味わった……。

2

依然として音は何もなかった。

下流には水面一帯を這うように多い尽くした煙霧。どこから始まり、どこまでが実体なのか明確にすることなく、白からグレーへ、微妙に彩度を増しながら灰色の空へと続いている。

両サイドの柳の木々も流れと同じように、足元を白からグレーに染めながら、一旦自分の存在を濃く主張するのだが、再び霧に取り込まれ灰色の空へと従属していく。

手前水面は霧とは無縁なのだが、フラットに柳の黒と空の灰色を映している。

依然として音は何も聞こえない。

目を凝らす。

幽かに霧が動いている。ほんのわずか、ほんの少し柳のシルエットが揺れている。

目をつぶる。心で音を探す。しかし、音はやはりない。

私は緊張し始めていた。知らない土地の初めての流れ。しかも生まれて初めて味わう音のない流れ。

静かに上体を右に振る。上流は夕日が染めているのだろう、空をサーモンピンクに薄め、その下にやはり霧を従えている。

もう一度目をつぶり、両耳でこの世界を見てみる。しかし音はなかった。

時さえも止まり、私の左胸も、頭の思考さえも止められそうな世界に思えた。

だんだん怖くなってきた。この北国とは反対の南国の百万都市で生きている私には、この一人ぼっちの完全に音のない世界が自分に危害を与えるごとく思えてきた。

グァーバー、ザザー!!

突然、静寂を切り裂く濁音。

それに驚く私。

「ハハ、ハハ……」

私は自嘲気味に笑った。自分の右足を見て笑った。

右足が起こした水を蹴る濁音が、やっと私を正気づかせてくれた。

私が鱒釣りに来ていることをはっきりと教えてくれた。

ここを境に私の意識が正常に戻った。水音は聞こえている。グレーカラーの下流を見る。

風景は同じだったが、霧ははっきりと動いている。

上流に目を向ける。流れもはっきりと動いていた。鏡の水面も、水中の黒い藻の揺れも、はっきりと捉えることができた。もう一度心の中で笑った。

その黒い藻は流れの両サイドから上流に繋がって茂っていた。

水面に顔を出した茎にグリーンの小さな葉と白い梅の花。その可憐さは、先程まで私が感じていた無気味さと対極をなしていた。この梅花藻の白い花が水の流れにフルフルと揺れ、自分が現実にいることをさらにはっきりと自覚させてくれた。典型的なスプリング・クリーク（湧水の流れ）。

目を凝らし、水面に気を集中させる。

すると、鏡の面にごくごく小さな点がポッツリと現れた。その白い点がそのまま水面を流れてくる。

腰を落とし、水面を透かし見る。まもなく左1メートル位に、また白い点がプツリと現れた。二分された意識を最初の点に戻す。それが2メートル程流れた。

その時、水面がぬめりながら盛り上がった。それは筋肉が敵に対峙《たいじ》して膨れ上がるような、盛り上がり方だった。まるで私が見ていることを意識しているかのごとく。

「鱒だ！」

私が直感したと同時に、ババザザザー、バタバタバタという狂音が左岸木陰のエグレから響いた。

グース。

2羽のグースが鱒のライズに驚いたのか、遁走《とんそう》して舞い上がっていったのだった。

その音が消えた。

30秒近く経った。上半身は前傾姿勢、頭だけ少し左。狂音を聞いたその体勢のまま目玉だけ右に動かし、鱒のライズ場所にその気配を探る。しかしそこには、波紋が拡がっているだけだった。

1分近くが経った。波紋が完全に消え、鱒以前の流れに戻っていた。左胸の動きが早くなっていく。

2分を超えた。上半身を静かに、ゆっくりと起こした視点は、鱒のスポットを外さず。

だが、何も起こらなかった。

流れと梅花藻の花と、視界端の水面の白い点、これらだけが私の心臓の動きとは別に静かに動いていていた。

＊

1の風景は、2008年のアメリカの流れ。私が20年来通っているアメリカ、アイダホ州鱒釣りの名流ヘンリーズフォーク、ボーンフィッシュ・フラットポイントの、私にはお馴染みのシーン。

この日本には存在しない平和なシーンとその向こうにある大鱒の確実性の釣りが、今もこのアイダホの名流には存在し続けている。

2は、1983年の北海道、道東の名もないスプリング・クリークの風景。

この風景が1987年、私の初めての著書『山女魚風よ吹け!』の舞台となった。

当時、山や渓は、自然の怖さや人間に畏怖の念を抱かせる神の存在を漂わせて、豊かに存在した。しかし21年経った今、物語の中で予言や予測した川の荒廃が悲しい現実となってしまった。

森は無残に伐り倒され、川は堰堤《えんてい》と三面護岸の直線の水路と成り果て、まともな山女魚川は九州ではほとんど無くなってしまった。

この話を書こうと思った時、『山女魚風よ吹け!』の物語の舞台や道具を、2008年の現代に置き換えて、書き改めてみようと試みたのだが、どうしても無理、仕掛け舞台となる自然の山川の荒廃がそれを許さなかった。

そこであえて1987年に書いた物語をそのまま持ってきた。当時を知らない若き後輩の皆さんたちに、本物の自然の素晴しさと凄さと釣りの楽しさを少しでも味わっていただけたらとの思いからである。

2008年6月、8日間続いた今年のヘンリーズフォークの釣り旅は、最終日の6月28日PM9時、フラブ（カゲロウの一種）の大量流下でやっと爆発した。

しかし、この世界的に有名な大鱒釣りの聖地の流れでさえ悪くなっているというデータが出てきている。この雄大な流れがなくなる時、それは……考えただけでも恐ろしい。

来年、60の大台を迎える萎びかけた釣り人にも、ヘンリーズフォークの存続と、ふるさと日本の山女魚・岩魚川と自然の存続と復活のための運動に、どこかしらで参加、助力できないだろうかと考える今日この頃である。

私のバンブーロッド

２００８年、新しい年が明けた。

去年は、私が今のバンブーロッド製作を始めて20年目。年の終わりに東京銀座の個展でその区切りをつけた。

そして今年は新たな旅立ちの年、この機会に自身の仕事や生き方を振り返り、改めて見つめ直してみようと思った。

１９８１年秋、山女魚専用のオリジナル・グラファイトロッドで始まったフライロッド製作、最初はロッド・デザインだけを自分でやり、後は契約工場にすべてを任せたのだが、どうも仕上げレベルが気に入らない。そこで組み立て、仕上げを自身でやるようにしたのが「BreeZe」ブランドなどのオリジナル・ハンドメイド・グラファイトロッド群である。

１９８６年、今は亡きフライフィッシングの巨星・芦澤一洋さんに連れて行かれた米国イエローストーンの鱒釣り旅、それが私の人生の大きな転機となった。

芦澤さんに紹介してもらった米国シアトル在住の日系三世、ユージーン・Y・三田《みつだ》氏にバンブーロッド製作の師事を受けたのが翌87年秋、ザ・フェデレーション・オブ・フライフィッシャーズ（以下F・F・F）のコンクレーブ（世界大会）への招待で、山女魚釣りのプレゼンテーション（講演）を行い、ヘンリーズフォークで鱒釣りをやっての帰りだった。

約2カ月半、実際の製作手ほどきを受け、その後バンブーロッド作りを続けている。

今日までに製作したバンブーロッドは約370本、まだまだ不明の点や工夫したいところがあるものの、一応のレベルをクリアできていると自身では思っているのだが……永遠に〝完全〟を追い続けるのがバンブーロッド作りなのだろう。

1999年秋、米国モンタナ州リビングストンにある先記世界最大のフライフィッシング団体F・F・Fのインターナショナル・フライフィッシング・センター（フライフィッシング博物館）に、私の作った山女魚用バンブーロッド「小太刀」7フィート（213センチ）3番が永久展示・保存された。

1987年、この博物館に山女魚釣り用のオリジナルタックル、竹フレームのランディングネットや木製のフライボックスなどを既に納めており、その当時のディレクターの依頼、「日本のオリジナル・フライフィッシング文化を米国に紹介してほしい」との要望に応えたわけである。
当時、日本の山女魚は、米国ではチェリーサーモンというのが通り名だったが、今や山女魚の名称は日本のフライフィッシング対象魚として米国でも一般的になっている。

私の作っているバンブーロッドやタックルは山女魚釣り用、鱒釣り用が中心。すべて私の釣り体験をもとに作ってきたものばかりである。

7フィート4インチ（223センチ）4番のミディアムスロー・アクションのロッド、7フィート4番のミディアム・アクションのロッド。この2種が最初のバンブーロッドである。

7フィート4インチは、南は九州から北は北海道までの、様々な川やあらゆる条件下で使えるようデザインした、普遍的で癖のない、投げやすい山女魚用ロッド。

7フィート4番は、打ち返しの釣りを意識したロッド。
作った当時、私の山女魚釣りは、段差の続く山岳渓流の典型的な打ち返しの釣り。
昔、山女魚釣りは山中の清冽な渓流でやるものだった。それが時代とともに変化していった。森林の伐採、堰堤及び護岸の整備、河川工事、生活用水及びゴミなどによる渓の荒廃や水の汚濁、釣り人の乱獲による山女魚川の滅亡。それを防ぐための養殖山女魚の放流。
21世紀になった現在、C&Rの考え方による里川の山女魚釣りが主流となっている。

この20年の歴史の中で、私の製作するバンブーロッドの種類は増え、ソリッド・ロッドから中空構造のホロービルト・ロッドへと進化を続けている。

3年前、1987年から20年近く作り続けたソリッド・ロッドをあえてホロービルト・ロッドに変えたのは、ロッド機能が確実に増すからだ。ロッド・ウェイトが軽くなり、その中空構造から反発力が増す。その上でバイブレーションが消え、ラインの飛距離が延びる。

今やテクノロジーの発達により竹材接着強度や塗装面での不安がなくなった。これからの時代、バンブーロッドの主力はホロービルト・ロッドになっていくだろうと私は考えている。

2006年から、私が自分の山女魚釣り及び国内の渓流釣りに使っているのは、ソリッド・バンブーロッド、7フィート4番の「YAMAME」改新版と、アクション・ポイントをもう少し下に降ろした、7フィート3番の「小太刀CLASSIC」という名の、籐巻きを施した小さなグリップのバンブーロッド。どちらもホロービルト・ロッド。

「YAMAME」の7フィートに較べ、フェルール（ジョイント）前後からバット部にかけて5％強の竹肉を落とし、小さなモーションで美しいループのラインが投げられる、シャープな山女魚用ロッドが「小太刀CLASSIC」。

山女魚の最大は40センチ前後だろうと思うのだが、そのトロフィーを掛けた時にこそ、釣り竿は対応できなければ意味がない、と私は思っている。

また、山女魚のアベレージ・サイズは18センチ、最大魚とのサイズの大小の違いを認識した上で、どちらも楽しめることがバンブーロッドの大事なポイントである。

小さな魚に対してはティップ・トップ（先竿《さきざお》の先端）寄りの所で遣り取りをし、大きな魚にはバット（基竿《もとざお》）が反応する。

キャスティング時、短い距離にはティップで対応、長い距離や強風下ではバットをしっかり曲げてやれば、ロング・キャストも可能な竿——そんなコンセプトのロッドが私の山女魚用バンブーロッドである。

現在、ホロービルト・ロッドを作り始めたことにより、ロッド・ウェイトが10％から15％以上軽くできるため（ちなみに8フィートで98グラムしかない）、2007年から7フィート9インチ（236センチ）と8フィート（243センチ）の3番を使い始めている。

春先の開けたプール（大きな溜まり）や大川の流れ筋向こうに深く立ち込んでライズを取る時には、ラインの捌《さば》きが7フィートの3番とは大きく違い、今年はこの2本の〝長物〟山女魚ロッドが中心である。

バンブーロッド作りを始める前の年から、私は毎年1度か2度、米国の先記イエローストーン周辺やカリフォルニアに、竿作りの勉強と楽しみを兼ねて鱒釣りに出かけているのだが、その時の竿ももちろん自作のバンブーロッド。

7フィート9インチ4番、ミディアムスロー・アクションの「鱒王」こと〝ヘンリーズフォーク・スペシャル〟、勿論ホロービルト・ロッド。ウェイトは101グラム。

山女魚用と同じ4番ラインの適合ロッドだが、対象魚のサイズが50センチ以上と桁違いに大きくなるため、竿の調子も当然強く、粘りのあるアクションに変えてある。

山女魚用の竿で50センチ、60センチの鱒の強烈なファイトの相手をさせるのはあまりにもかわいそう。

私は、バンブーロッドに対して以下のような意見を持っている。

バンブーロッドは、とかくその素材感から来る温もりや美しさばかりで捉えられがちだが、そうではない。釣りタックルとしてのパフォーマンスの面から見ても、決してグラファイトなど化学素材製品に劣るものではない。

キャスティング性能、魚を掛ける上でのパフォーマンス、特に掛けた後のパフォーマンスは、良質のバンブーロッドになるとグラファイト・ロッドを凌ぐと私は確信している。

山女魚くらいのサイズだと、バンブーロッドの完成度が完全でなくとも、魚を取り込めるのも事実。だが、対象魚が50センチ以上の大型鱒になると、もうごまかしは効かない。ロッド・パフォーマンスが完全でないと釣りは成立しないのである。

では、バンブーロッドの良否の境目はどこなのか。それがバンブーロッドを作る上で非常に重要なポイント。

私はこう思っている。

①目的の釣り現場の強風下でもキャスト可能な竿。

②曲がりが先端から下にスムーズに降りていく、テーパー・バランスの良い竿。腰の弱い竿ではキャスティングがうまくいかない。フッキングのタイミングがずれ、それは鉤掛かりを浅くし、バレにつながる。テーパー・バランスが悪いと、フッキングしても竿全体がバウンドしたり、竿先が魚の動きについていけず、バレてしまう。

③大型トロフィー・サイズの強烈な走りを止められる竿。止められない、耐えられない、寄せられない竿では釣りが成立しない。

④魚を掛けた後、立てているだけで魚が寄って来る竿。

⑤素早く取り込める竿。パーフェクトな状態で魚をリリースするため。

⑥持ち重りがなく、一日中楽に振れる竿。

等々。

そして、美しい竿であること。美しく完成されたバンブーロッド。

私はバンブーロッド=竹竿を〝道具〟として捉えている。

竹竿は、ただ単に魚を引っ掛けるための長い棒でもなければ、魚を殺すための細い棒でもない。〝道具〟なのだ。

道具とは、もともと仏道修行の用具のこと。または仏事を行うのに用いる用具の総称。

道具の「道」は、人として守るべき条理、または宇宙の原理。「具」は備え持つこと、備わること、または貴人のお相手をする者、という意。

私にとって竹竿とは、山女魚という貴い（尊い）生き物の相手をするために精魂こめて作る用具。

私は私自身のため、そして〝道具〟としてのバンブーロッドへの想いを分かってくれる人のために竿を作りたいと思う。

科学万能の今、自然破壊は確実に進み、人々は大切な心の何かを失っている。私はこの竹という天然素材の持つやさしさ、温もり、美しさにこだわり続けたいと思っている。

〝道具〟としての竹竿＝バンブーロッド。

私は竹竿職人の立場で、釣り人の立場で、一生この〝道具〟を探し続けるだろう。

意識のないところで

「私の人生失敗だったかも……」という声が車のラジオから聞こえてきた。

お笑いタレントが二人、定年退職後、毎日家にいるご主人との生活を、出演している女性タレントの友人が愚痴っていた話をネタに面白おかしく茶化していた。「毎日家にいる亭主に、自由がきかなくなり、ノイローゼ気味。ストレス解消に、と美味しいものをたくさん食べて太りすぎて、また気分がめいる」等々。

その女友達の気持ちに理解を示す女性タレント。なんて女房だ、とあきれる男性タレント。私の言い分は当然、男性タレントと同じ。三十数年家族のため身を粉にして働いてきて、顔も見たくない、はないだろう。奥さんの言葉を聞いたら、ご主人さぞショックだろう。「私のどこが悪いのだ⁉」、「何故だ?」。ご主人には原因が分からないはずと、男の私は思う。

おそらく意識のないところで流れる夫婦間の日常のズレ、その数十年の積み重なり、それが女房の愚痴となる。

そう思いながら車のハンドルを左に切った時、助手席の女房のニヤリと笑う顔が目に入った。おお、恐ー!!

話題をバンブーロッドに戻そう。

意識のないところで発生する出来事……バンブーロッド製作の上でも、やはりあまり良いことはないようだ。

AM8時。私の作業開始時刻。

午前中4時間でどれだけ効率よく作業ができるかで、その日の作業成果が決まる。

昼飯を食うと、どうも腹と同じでゆったりしてしまい、今いち乗れなくなる。だから昼飯までが一日の勝負どころ。

今日は削りの日。

まずは、散らかった作業台に溜め息をつきながら、15分程かけてその日のスペースを作る。

最初は、4台の金属製押し鉋の刃砥ぎ。

替え刃を入れて7枚の刃を砥ぎ終えると、いよいよ削り作業。

前日、荒削りまで終えているので今日は楽だ。

プレーニングフォーム上に竹棒を置く。

鉋の刃の出具合を確かめる。

一削り。刃の出が足りない。刃を少し出す。

そこでもう一削り。まだ足りない。もう少し刃を出す。

「これでどうだ！」

出しすぎた……これでどうだ!?　……ＯＫ。

薄すぎず、厚すぎず。

肉厚の豚皮手袋をつけた左手親指で竹を押さえつけながら削っていく。

息を止め、一気にリズム良く削っていくのがコツだ。

今日は調子が良い。ゾコゾコ削れる。

調子良く2組12本が予定時間より大幅に早く終わり、夕方の楽しみにしているキャスティング練習時間が長く取れそうで、口笛が出る。

3組目のバット用竹をフォームにセット。

1回。

2回。

3回。

4回目……激痛!!

頭が痛みを感知した瞬間、竹から左手を放す。

鉋を投げ、左手袋を素早く外す。

左親指の腹が一文字に切れている。

指が疼き始める。

切れ目に沿って小さな紅い玉が浮いてくる。

やってしまった。

竹の表面はエナメル質で、ガラスと同じ硬度がある。削った竹にはそのエナメル質の60度のエッジが立っている。それを左指で動かないよう押さえつけている。

鉋の刃が竹肉を拾いすぎて、竹がずれ、皮手袋ごと竹のエッジで切ってしまったのだ。

リバテープで押さえるが、ズキズキと疼くたびにガーゼの部分が赤黒く色を変えていく。

調子が良い時こそ気を付けなければいけない。

トラブルは、失敗してそのことを思い出す。


今日の失敗は、痛さを我慢すれば製作作業ペースが落ちるだけで続けられる。

だが、取り返しのつかない失敗も幾つかある。

ティップ部分の失敗。これは怖い。ティップ・トップ付近のブランク・サイズが対面寸法でわずか1・5ミリ、接着前の削り出しが終わった時点での竹棒はその約半分、0・7ミリ程の太さしかないのだから。

コピー用紙の厚さの3分の1が仕上げ削りの削り厚、ほんの少しでも鉋の刃の出し調整を誤ると、余分な竹肉を拾いすぎて正三角形が形成できなくなり、その竹棒はおろか、竹棒の絡むブランク全部が駄目になってしまう。

また、ティップ・トップ付近の逆目はもっと怖い。

ブランクのサンディング作業も、一瞬気を抜くとサンドペーパーが竹肉を削りすぎる。

最後の最後、オイル・フィニッシュのオイル摺り込み作業も、神経を使う。

サンディングの終わったブランクに、ウールに着けたオイルを摺り込んでいく作業。ブランクの太い方から細い方に向かって、一方向に摺り込むのが正しいやり方。

ところが、やはりどこかで早く仕上げたいという心があるのだろう、摺り込み作業を無意識の内に上下にやっている時があるのだ。

ある時、ウール片の端がティップ先端に引っ掛かっているのに気が付かず、作業を上から下にやってしまった。

ティップ・トップから50センチ位までが大きく弧を描いた瞬間、鈍い音がした。

先端から12センチ、最初の節の所から見事に折れてしまった。

これで、ジ・エンド。

ここまで30日近くかけて作ったこのティップは使えない。最初の竹割り作業から完全にやり直しである。

オーブンを使い100度前後で水分抜きを2時間かかってやっているつもりが、温度計の狂いに気がつかず大失敗したことも。

オーブン内の温度が200度を大きく上回っていたのに気づかなかった。何かいつもと違う嫌な臭いにオーブンを開けたら、ブランクが真っ黒になっていた。

このブランクはその場でへし折った、と言いたいところだが、自分への見せしめのために今も作業部屋の片隅に置いてある。

こうした失敗を考察していくと、技術的に未熟だから失敗するということは、ほとんどない。何故ならば技術的に未熟な場合、その自信のなさが作業を慎重にさせるからだ。

失敗し始めたのは2、3年経って、ある程度ロッド作りの作業に慣れが出始めてからだったように思う。すべて、意識のない、不注意からの失敗である。

ただ、この失敗こそがその後の作業の改善を生み、ロッドそのものが改良、進歩していったことも実感できるのである。

災難は忘れた頃にやって来る。ロッドにも、夫婦にも。

失敗は成功のもと。あのラジオの夫婦の間でもそうあってほしいものだ。

夫婦間の機微をうたった面白い川柳を思い出した。数十年連れ添ったベテラン夫婦にはなかなか難しいことかも知れないが。

女 房 の 角 を チ ン コ で 叩 き 折 り

老体に鞭打って頑張れ、同朋!!


PM5時30分。窓から差し込む光が完全に消えた。

作業を始めて9時間半、食事などを抜いた実働時間約6時間。これが一日の集中力の限界。

限界を超えての作業、仕事は、ロッドの質を落とすことに繋がる。

臨機応変。

過ぎたるは及ばざるが如し。

バンブーロッド製作、私の人生である。

カリフォルニアの休日

私は体を伸ばし、右手人差し指でレースのカーテンをほんの少し開けようとした。

片目はまだ眠ったままだ。

残ったもう一方の目も線を引いたくらいにしか開かない。

左手で目を擦り、目に入る映像をはっきりさせようとするのだが、その意思は弱く、カーテンから指が離れベッドから右腕が垂れる。

そこでまぶたが下りてくる。

部屋奥の話し声に〝チッ！〟と意識がもどるが、体が動かない。何とか右手をベッド横の小さなテーブルに伸ばし、銀色の腕時計の文字盤を見る。

6時45分。

「ウソだろ」

私は心の内で小さく言葉を投げた。

部屋の向こう端のベッドでは、写真家が何やら電話で遣り取りしている。もう一つ手前のベッドでは、髪の長い男マサが腕に顔を俯せたまま、起き上がるでもなく、眠るでもなくモゾモゾと動いていた。

無理もない。二日前、日本からロサンゼルスへ、前日、ロスからこの北カリフォルニアまで８００マイルのドライブだ。その上、眠りについたのはほんの数時間前なのだ。

私は意を決して、柔らかすぎるベッドを後にバス・ルームへ。

黄土色のブラスの蛇口をひねる。とぎれとぎれに噴き出す水を両手で受け、顔に浴びせかける。それでやっと目が開く。

白い洗面台に両手をつき、目の前にある鏡をのぞき込む。

そこには目を赤く充血させた髭面の男の顔があった。

「今日は遊ぼうぜ」

鏡の中の髭面に小さく呼びかけるが、今ひとつはっきりしない。

ロッジ備え付きのダークワインのバスタオルで顔をふき、首にかける。白いクリームを歯ブラシに乗せ、口に頬張り、チューブの蓋を閉める。歯を磨きながらベッド・ルームへと引き返す。

右手奥で、依然として受話器に向かって話している写真家に、無言で軽く左手を上げる。

写真家も手のひらで応える。

先程のカーテンに近づき、幅1メートル弱の白く塗り重ねられた木枠の窓を押し上げる。瞬間、冷たい空気が。

歯を磨きながら外にある風景を見下ろす。右手に古びた茶色の納屋のような小屋。中央に、テーブルとビニールシートの椅子が置かれたコンクリートの白いテラス。その手前は手入れよく刈り込まれた緑の芝生。テラスの向こうには、針葉樹の木立のシルエットをバックに、幅5メートル程の川が水を満々と輝かせながら流れていた。


フレンチトースト、オレンジジュース、そしてミルクティーの朝食をすませる。

白いマグカップを片手に、釣り道具をもう片方の腕で抱くようにして裸足で外へ。刈り込まれた芝生がチクチクと足の裏を刺す。

水際に区切られた白いテラスの肘乗せ付きの椅子に深く座り、マグカップを口に運びながら目の前の景色を眺める。

黒い松の巨木のシルエットの左から顔をのぞかせる朝日がまぶしく、思わず左手をかざす。流れは重く冷たそうだった。

流れの対岸水際に、緑色の草が水中に没して揺れている。この2週間程前に降った、季節はずれの大雪が解けた水と、ハットクリーク特有の石灰質の川底が混じり合い、流れは薄く白い色をしていた。

鱒の気配はしばらく待っても感じられなかった。だが、私を包み込んだ空気は悪くなかった。生活空間のすぐ側にある鱒川。

それはここ2、3年、私の心の中でふくらんでいる絵と重なるからだ。最近私は、年とともに、釣ることそのものより鱒の棲む川辺でゆっくりと時を過ごしたい――そんな気持ちが強くなってきている。

しゃにむに竿を作り、ネットを編み、毛鉤を巻く。その出来上がった道具たちを身にまとい、一日中釣りまくる。そんな激しかった時代も今は昔。構えるのも、もういい。変化や非日常を求めた作業も、もういい。日常の延長上でつながる気楽な釣り……それができないかなと思っている。

泥の付いた足の裏をコットン・ソックスではたく。そのソックスの上に踵の減ったニューバランスのジョギング・シューズを合わせる。綿パンに紺色の着慣れた綿シャツと、本来ならばシャツと同色のはずだが、今はその面影だけをとどめているヨレたベースボール・キャップ。重いベストはやめにして、必要最小限の道具が入った振り分けバッグ。

ロッドはとにかく使い慣れた7フィート6インチ（228センチ）4番のバンブーロッド。

リールはフェイバリットのビル・バラン（有名なリール・メーカー）。毛鉤は探りを入れる時の18番（5ミリ大）アダムス。それをクリンチノットで結び、フックキーパー（鉤掛け）にセット。

冷めた残りのミルクティーを一気に飲み干し、食事時にロッジのマネージャー、ケビンが教えてくれた下流のスポットに向かった。

10時20分。陽の当たるロッジ下のスポットをやめ上流へ向かう。川はやはり冷たく流れるだけで、ケビンが教えてくれたカーブの柳の下でも、上のエグレでも何の反応も示さなかった。しかし、この小さなクリークの釣りは、日本の春の釣りのようで心地良い。

ロッジで飼われているコリーが私たちにまとわりつく。軽く右手で相手をしながら、ロッジ前の茶色の小屋に向かう。上流へ向かうためには、どうしてもこの小屋を通過しなければならない。だが、この小屋が私の足を止めさせた。

大きさにして30平方メートル位。太陽にさらされカサカサにひび割れた波状のトタン屋根。最近塗り直されたであろう茶色の板壁。おそらく昔は納屋として使われていたのだろうが、母屋を釣り宿としている今、それはきちんと整理され、釣り道具小屋の様を呈していた。

正面の壁には、古びた3足のヒップウェーダー（尻までの釣り用長靴）と、大ぶりのアルミ製ランディングネット（タモ網）が2本ぶら下がっている。その左手前のロッド・スタンドにグライファイト・ロッドが1本。

左手壁には、ロッド・ホルダーに2本のグラファイト・ロッドが横に掛けられており、その下にもう2本、ランディングネットが立て掛けてある。右手の壁には裸電球が2個。1個は点灯しておらず、1個が鹿の角飾りの上で光っている。

正面右3分の1が出口として外に抜けており、それは川に渡された幅1・5メートル程の板橋に続いている。その橋の始まる所にぶら下がった茶色のプレート。それを指で軽くはじくと、吊り下げている鎖がキュルキュルと鳴いた。

FLY FISHING ONLY
BARBLESS HOOKS

いかにも手書きのこのプレート。裸電球のやわらかな光、出口から入る光の量と小屋隅の暗さ、この四つのバランスが妙に私の心をそそる。そこで交わされるだろう釣り人たちの会話がはっきりと聞こえるような、いかにもという遊び心が私をのせた。

荒板の壁に触れ、乾いた天井を見上げる。真ん中より1メートル程左から、1センチ位の光が差し込んでいた。

「ハーイ！　どうだった、アキ」

丸太を渡し、その上に5枚の厚板を打ち付けただけの橋の向こうから、ケビンがバンブーロッドを下げてやって来た。

ケビン・アンダーソン。このロッジのマネージャーでフィッシング・インストラクター。裸足にサンダル。白い短パンに紺色の柄シャツ。小さな麻のショルダーバッグに7フィート2番のバンブーロッド。それが51歳の彼のスタイル。

「どうだった、アキ」と橋桁に寄り掛かるケビン。

「いやー、水が多くてダメだね」と私。

「そうだろうねー、水温も低いね。でもこの先のレイクでライズがあるから、それをやりに行こうぜ」と金色の太い腕を撫でながら誘うケビンに、「ＯＫ」と答えた。

橋は歩くたびにギシギシと音をたてるが、思いのほか頑丈そうで、枯れ色と緑の草原のトレイル（轍）に続いており、その草原には松の巨木が点在していた。その1本の前で、ケビンが親指を立て片目をつぶる。松の木には、手書きのプレートが留めてあった。

WELCOME TO
JURASSIC PARK

これにはまたしても笑ってしまう。

ロッジからわずか１００メートル、ケビンの案内してくれたレイクは、流れが一旦横にそれてできたもので、彼の言うとおりライズの輪がいくつも広がっていた。

そのライズはそれほど難しくなく、10分もすると私の竹竿とつながって暴れ、私の心を充分すぎるほど満たしてくれた。

私は、レイクの岸辺に立てられた、トロフィーを記した杭の側にバッグを置き、ロッドを立て掛け、座り込む。

2メートル程先の水中を左から右に、ゆっくりと黒い巨大な影たちが動いていく。水草の切れ目にも黒い影が揺れている。

水面からユスリカだろう、羽を光らせ飛び立つ。腕を枕に寝そべると青草が匂う。空はレイクのインクブルーよりずっと青く澄み渡り、薄い綿雲と美しい調和を見せている。

小枝の青葉を口に含むと少し苦く、耳をすますと、小さな波と岸際の小石が生み出すピロピロ、ピロピロ……という音が、フォークロア・ミュージックのように聞こえた。

向こう岸では、またもケビンが2番の竹竿を45度に立て、ラインを斜めに張っている。

私はポケットからマッドタイプのリップクリームを取り出し、下唇に厚めに塗る。

日差しはやはり、日本のそれよりもはるかに強烈だったが、時折吹く乾燥したカリフォルニアの風は、日本人の私には何より快適だった。

1985年，私も芦澤一洋さん（右）も若かった。2005年，道具も人間も年季が入った。

水と緑の桃源郷，夏の毛鉤釣り天国。

日本と米国の原風景。住人は宝石・山女魚とワイルド・レインボー鱒。

フライフィッシングの聖地ヘンリーズフォーク。撓る竹竿，モンスタートラウト，そして仲間たち。

1986年，伝説のフライショップ「ヘンリーズフォーク・アングラーズ」。オーナーでスーパースター，マイク・ローソン(右)と Mr. メル・クリーガー，夢の共演。

photo S.Akimaru J.Yamazaki R.Aoki

サンディング

「有名な映画『ニュー・シネマ・パラダイス』には、1989年に公開された2時間バージョンとは別に完全オリジナルの3時間バージョンがあって、その内容が大きく異なっていることをご存じですか?」と、この本の編集者で映画好きの別府大悟氏が私に尋ねた。

「いや、2時間版は昔観ましたが、3時間バージョンの内容は知りません」と私。

「普通は、公開版もそれが長くなったロング・バージョンも、細部が異なるだけでストーリーは同じじゃないですか。それがこの映画の3時間バージョンでは、後半、全く別の物語が描かれていて面白いですよ」

この彼の言葉に誘われて、『ニュー・シネマ・パラダイス』を2時間バージョンから3時間バージョンの順に観た。

2時間バージョンでは、主人公若き日のトトの恋人エレナの姿は年をとることなく、別れにより永遠の美少女として描かれているのに対し、3時間バージョンでは、トトはほぼ同じ描かれ方なのだが、別れから30年後、年齢を重ね、他の男と結婚した現在のエレナがトトの前に現れる。その姿の変化が、この3時間バージョンのキー・ポイントとして明確に表現されていた。

若き日のエレナと年を重ねた40代後半の大人の女性エレナ。監督ジュゼッペ・トルナトーレの意図とは異なるかも知れないが、若き日の恋人と結婚して34年が過ぎようとしている私のような俗物には、どちらのエレナも素敵に思えた。

私の仕事はバンブーロッド・ビルディング。その製作途中に現れる竹素材の美しさが、エレナの姿と重なった。

竹を割り、曲げを取り、焼きを入れ、削り、接着する。ここまでがいわばバンブーロッド製作の下仕事。これ以降が仕上げ工程。

その最初の行程。まず、サンディング作業。

削り上げた正三角形の竹棒6本を接着し、ロッド本体となる6角の棒（ブランク）が生まれる。その表面に固まった接着剤のバリを落とし、サンドペーパーで仕上げていくのがサンディング作業。

＃400のホワイト・サンドペーパーを35ミリ幅でカットする。同じ長さで一辺が12ミリのヒノキの四角材にサンドペーパーを隙間なく巻きつけ、竹表面に固まっている接着剤のバリをそれで削り取っていく。

固まった接着剤はガラスと同じくらいの硬度で鋭く表面に立っている。下手をすると指の皮など一発で切れる。前日、＃１５０のサンダーでこの鋭いバリを荒削りで落としてあるので、今日その危険はない。

この工程では、ブランク表面に残っている接着剤のみを取り除くのが大事。ブランク本体の竹肉を削ってしまうと、意図したロッドのアクションが狂ってしまう。

サンディングの上手い下手は、ロッドの良し悪しに直結する。ここが職人の腕の見せ所。

まずは、広い範囲を軽く撫でるようにやさしく慎重にサンディングしていく。

次に、＃６００で同じ作業。

光の加減で薄いバリの落ち具合が分からない。ブランク本体を持ち上げ、角度を変え光に透かし、落ち具合を確かめる。面の左側は落ちているが、右側に白い接着剤のわずかな残りを見つける。

サンドペーパーが竹面にフラットに当たっていないか、ブランクが捩《ねじ》れているかだ。もう一度確かめる。

ブランクに捩れはない。サンドペーパーが竹面にフラットに当たっていないようだ。

サンドペーパーが角材にうまく巻きついているかをチェックする。

その上で、サンドペーパーが竹面に当たる角度をほんの少しだけ指先で調整、残っている接着剤の側だけをそっと撫でる。ゆっくりと少しずつ、少しずつ。

竹表面に残っていた接着剤の白が少しずつ薄くなり、ある瞬間消える。

そこには、竹表面の薄汚れたエナメル質だけがはがれた、薄いストローカラーの竹素肌が現れる。それはまるで、穢《けが》れを知らない美少女エレナのヌードのような美しさ。

しばし見とれ、その素肌を指でなぞる。

この後、出来上がったブランク全体に防水、防カビ、防腐などの釣り道具としての仕上げ作業をやるわけだが、私の本音は、この美少女のような竹素肌の状態でロッドとして完成させ、大鱒を掛け、曲げ、撓《しな》らせ泣かせたいのだが……。

特にニューデザイン、ニューアクションのロッドを作る時の期待感と興奮の中、生まれてきた竹の素肌の美しさは何にも換えがたい竹竿職人の宝物と思える。

その宝物にさらに磨きをかける。
#1000のシルク目のサンドペーパー。ここで昔は一瞬、躊躇《ためら》った。
なぜならば、ここで少女の素肌とはお別れだからだ。
#1000のサンドペーパーにオイルを着ける。今度はそれで磨き上げるのだ。

竹素肌はオイルの沁み込みでしっとりと飴色に色合いを変え、シルクの滑らかさを示してくる。竹素肌の美少女から、妖艶な愛人、30年後に現れた大人の女性エレナのように。

これが終わると、次にオイルを荒い目のウールに沁み込ませ、ブランクをしごくように愛人の素肌に擦り込んでいく。これがオイル・フィニッシュ。

次に、乾いたウールで磨く。表面は滑らかさを増し、鏡のように輝き、対象物を映し込む。

それを指先でそっと撫でる。

さらにウールで磨き、拭き上げる。

拭く、拭く、拭く。

竹の素肌が熱を持ち、溜め息を漏らす。輝きが一段と増す。

思わずその美しさに魅入ってしまう。

あーあ。

その時、「あなたー。味噌汁冷めるよー」と、現世我が家の〝私のエレナ〟の声。

ウーン。これが現実。

名画『ニュー・シネマ・パラダイス』、是非一度御覧あれ！

竹竿屋の幸せ

例えばウォーキング。

40分から60分、早足で歩き終わった後の、汗の染みた衣類が肌に張り付く感覚。

それを脱いだ時にひやりとする感覚。

シャワーを浴びた時にお湯のはじける感覚。

そして洗いざらしの下着を着けた時の感覚。

これらは普通の人たち、私を含めたほとんどの人が持つ感覚だ。

私の職業は、きわめて特殊な六角の竹竿を作るバンブーロッド・ビルダー。

その製作過程で、普通の人には味わえない喜びや経験を知っている。

竹竿の本体＝ブランク。

竹のエナメル質だけを剥いだ時に現れる竹素肌の何にも換えがたい美しさ。

竹割り。2メートルの長さの竹を、正確に5・5ミリと6・5ミリ幅で12本割り切った時の喜び。

竹の曲げ取り。反り、曲がり、捩れた竹棒を真っ直ぐにした後の喜びと指の痛さの感覚。

俗に「竹を割ったような性格」というふうに良い譬《たと》えとして竹の〝性質〟が言われているが、とんでもない。節周辺の竹繊維は、曲がり、くねり、入り乱れている。非常に扱いづらい天然素材の一つなのである。

削り。竹を削って、削り込んで、先端が1ミリ弱の正三角形の竹棒が仕上がった時の喜び。

接着。先端で0・7ミリしかない細い竹棒を6本、100分の1ミリの誤差も出さず張り合わせ、正六角形の竹竿本体を完成させた時の安心感。

私は削りの作業時、竹で何度か左親指の腹を切っている。傷口がぴったりと合うくらい竹ですっぱりと切れる。

剃刀の刃を、皮手袋をした親指で押さえつける、そして剃刀を一気に引く。その切れ方、体が覚えている。書いていて鳥肌が立つ。

竹の曲げ取り作業時、竹を焦げるくらい熱する。その竹をじかに指で掴み、曲げを取る。当然、火傷をする。指関節は力の入れすぎで感覚がない。

金属のジョイントを接着する度に、右手人差し指にマメができ、必ず破れる。破れても作業は終わりまで続けなければいけない。

夏の焼き入れ作業は最悪。エアコンのスイッチを切り、ガス・オーブンに火を入れ、竹素材に熱を加え強くする。オーブンに点火して30分もすると、室温が40度を超える。

ただ、その作業を終え、窓を開けた時の35度の外気の心地良さ、これが分かるのは夏のラーメン屋さんくらいか。

やはり、普通の人が味わえない世界を経験していると思える。


これらの貴重で、他では味わえない経験のもとに、「美しい」、「素晴しい」と誉めてもらえる竹竿を作りたいと努力している。

だが、この職業を何十年も続けていると、喜びだけではなくこの職業の持つ負の特徴、作業のマンネリとビジネスとしての難しさも見えてくる。

私自身が作る高価な竹竿を、経済的な面から私自身が買えないだろうと思えるのも確か。

でも、私にしか描けない夢も持てる。

私自身を納得させるだけの技量を持った竹竿職人を育てたい。その上で彼か彼らかに、私の納得のいく設計・デザインで竹竿を作ってもらいたいと思っている。そのことを実現させるためにプロフェッショナル・バンブーロッド・ビルダー養成塾の「竹竿塾」を始めた。

中には、私より才能があるのでは、と感じる若者も現れた（と思いたい）。

私は、自分にできそうもない事象をハイ・レベルで美しく表現できる人を尊敬する。私自身が感知できない感覚・感触を味わえる人を素直に凄いと思う。

ＰＭ4時、仕上げの削りが最後の1本になった。

竹の素肌に一点のシミ、傷もなく、逆目もほとんど出なかった。

竹繊維の線もトップまで一直線に走っている。満足のいく出来栄え。また悪い癖で、出来上がった竿をいつまでも手元に置いておきたくなり、お客様に渡したくなくなるかも。

作業台の上に散らばった竹の削りかすを丁寧に掃《はら》い、いよいよ最後の二削り。と思っていると、カミさんの声。

「あなたー、ちょっと来ない！　綺麗よー」

「アーイ……クソッ、乗ってるところなのに」

しかし、逆らうと明日の鱒釣りが行きにくくなる。

手を引っ張られるようにして庭に連れて行かれた。カミさんが可愛がっている小さなメイプルの木。葉の茂りが重なる部分もないくらいの小さな木だが、その葉が一人前に紅葉している。

その可憐な赤や黄、黄緑の葉が夕日に透け、小さく風に揺れていた。

「オー」と私。

「ネッ」とカミさん。

ＰＭ５時10分、満足のいく削りが終わった。

テレビで黒人のアメリカ大統領が誕生したと伝えていた。

世界大恐慌のニュースの中、全世界に共通の喜びと幸せをもたらせてくれる新大統領になってほしい、と思うのは私だけではないだろう。

私は私の役目、自然の中で過ごすことの喜びを生み出すバンブーロッドを作り、人生の喜びを伝えていこうと思う。

そういえば、昔の大統領でフライフィッシングをやった人がいたな。

6月のワルツ

PM3：40「どうしても、今日行きたい!!」とカミさん。

行くつもりはなかったが、一年に1回か2回しかないチャンス。これを外すと、来年までまたチャンスはない。行っておかないと後が怖いし……行くか。

6月7日PM5：28　急いで詰めた弁当を持って、カミさんと家を出た。

天気も回復していて、イケルだろうとの予想。

PM6：08　いつものスペースにパーキング。

土曜日なのに釣り人らしい車は見えない。途中、釣り人を二人見かけたが、私たちのエリアではないのでOK。

PM6：13　愚図のカミさんを急《せ》かせ、釣り支度終了。

ブヨがうるさい。そろそろハッチ（カゲロウなど水生昆虫の羽化）が始まってもいいはず。

カミさんは上流を。私はこの下500メートル程道路を下って、杉林から入渓する。

「水が多いから気をつけろよ」

子供が大学に行き、始まった二人だけの田舎の生活。

一人での留守番は淋しいだろうと、2年前に教えた山女魚釣り。できるだけ一緒に過ごそうと考えて。

「じゃあ、7時半位を目処でな。いいか。水が多いけんね」

毛鉤を結んでいるカミさんに念押しの声を掛け、杉林を目指す。

水の張られた田圃の上をトンボが飛んでいた。

PM6：21　オレンジ色の夕日を背中に水の中に立つ。

流れに白い色が目立つ。水位は股下。ウェーダーが足に絡む。

前回より20センチ、水が多い。

1週間前は水が少なすぎた。雨が少ない上に田圃に水を取られたせいだ。ただ、魚の反応は、最後の20分だけだが素晴らしかった。その時と同じ時間帯を狙って爆釣《ばくちょう》しようとの目論見だ。

PM6：45　結んだスピナーフライ（カゲロウの成虫を模した毛鉤）には未だ何の反応もない。明らかなハヤのライズはあるのだが、肝心の山女魚のそれがない。

昨日今日、急に水が増えたのだろうか⁉　チビも出ないのは、急な水嵩の変化に警戒しているからか。でも、水は勢いがあり気持ちが良い。

ＰＭ７：03　ようやく豆のような山女魚が1回だけ14番のスピナーフライに反応。

その後はいつものポイントからも反応はない。

カミさんの上流はどうなのだろう。

ＰＭ７：30　毛鉤はまだ見えるが、反応はない。

この日の魚の付き場所が皆目分からない。見当さえつかなくなった。

半分諦め状態。飴を口に入れ、途中をとばして上流へ。

ＰＭ７：42　上流に居たカミさんに追いついた。

「どう？」

「1匹掛けたんやけど、取りきらんやった」

「凄いじゃゃん。下は全然駄目。水が多いから緩い所だけ狙って上に行こうか。そろそろライズが始まるはずやけん」

まだその場所をやりたいと言うカミさんを残し、一人上流に。

夕日が山陰に姿を消した。

毛鉤が見づらくなった。

濃い偏光サングラスを透明タイプのものに換えた。

PM7：48　川から色が消えた。

やっと山女魚のライズが始まった。

PM7：59　ライズの数は増えるが、掛からない。

えらく渋い喰い方。6回出てやっと1匹。

20センチのきれいな紅い鰭《ひれ》の山女魚のメス。素早く放し、次を狙う。

PM8：03　フライを岩横の草に掛け、切ってしまう。

フライボックスに同じスピナーフライを捜すが、暗くて分からない。たとえ結べたとしても、もう流れの中では見えないだろう。

大きめの白いダン（カゲロウの亜成虫）フライを摘む。

毛鉤を天に翳《かざ》し透かし見る。

老眼をののしりながら、8回目にやっと毛鉤穴に糸を通せた。が、空中を舞っていたスピナーも水面のライズも静かになっていた。

PM8：07　カミさんのいる下流のプールに移動。

そこは開けて明るいためか、未だライズが続いていた。

「どう？」

「出るっちゃけど、掛けきらん」と言っていたカミさんが、後ろの木に毛鉤を取られた。

「エーッ!!　嘘やろ！　もう!!」

時間がない。面倒なので急ぎ新しい毛鉤を結んでやる。

再び彼女が投げる。投げるが、反応がない。

「もう見えん」

万事休すか？

私も結んだダンフライのまま投げ続けるが、予想通り魚は喰わない。やはりスピナーだ。

しかしライズは続く。

PM8：12　やっと1匹乗った。

ほぼ何も見えない中、凄い手応え。ロッドが撓る。

「でかいぜ！」

その2秒後、魚が水面を割った。

20センチの山女魚の腹に毛鉤が刺さっていた。

スレで掛かったため、手応えが凄かったのだ。

PM8：20　もう毛鉤が完全に見えなくなった。

「上がるか」

ライトを片手に、カミさんの手を引き、流れから上がる。

PM8：22　道路に出て車を目指す。

「まだかいな！」

橋の上から下流を見渡す。

「まだ出てない。行くぞ！」

PM8：28　釣り服を着替え、車を発進させる。

腹が鳴る。

途中、橋の上に数人の人影が……。

「出とるんやろか？」

「見えるや？」

「いやー……分からん」

「今年は水が少なかったけん、出らんかもしれんね」

「いやー、ウソー！　そうやろうか？」

「急ごう！」

明かりの灯る集落を抜け、ダムをやり過ごし、山道を急ぐ。

夏草の香りを含んだ夜風が心地良い。

ＰＭ８：53　やっと現場に到着。

「凄い‼」

カミさんが叫ぶ。

急ぎ車のライトを消す。

既に車が1台、橋の欄干に数人の人影が。

「フワー！」

車から出たカミさんが再び声をあげる。

暗闇に無数の青白い灯。スローモーションのように空中を動いている。

ポワーン、ポワーン。そんな音が聞こえるような灯の動き。

灯が消えてはまた灯る。灯っては消え、灯っては消え。

５００だか１０００だか分からない無数の青い光点が輝いては消え、輝いては消え。

私の目の前を一つの黄色い灯が揺れていく。

手を伸ばすと簡単に摑めた。

横に居た少女の手の中にそっと入れてやる。すると、小さな両手の中で黄色い灯の周りがピンク色に輝いて見えた。

灯が私の鼻先に止まった。目を寄せて見ているとフワリと暗闇に舞った。草の葉の灯に指を伸ばすと、人差し指の上に乗った。頭上に指を立てると、光りながらゆっくりと風に乗っていった。

右手では上から下への灯の群れ。下を流れる小川が光の数を倍化させている。奥行きが灯の大小を作り、厚みを見せて灯っては消える。

左手では、灯の群れが映画の大画面のように横に広がって輝いている。

全体の半分が一斉に灯ると、半分が消える。灯っては消え、灯っては消え、指揮棒を振るコンダクターに合わせるように。

ほのかに、はかなげに。まるで全体が意志を持っているかのように確実にリズムを刻む、無数の蛍。

「子供の頃、蛍を百合の花の中に入れてね……」

橋の欄干にもたれながら蛍に見入るカミさん。その横顔に彼女との36年が蘇る。

出会いの頃の乙女の愛笑、良妻の喜びと悲しみと諦めの苦笑。

そして賢母の微笑みの時代。

なにせ苦労をさせました。

「お婆ちゃんが部屋の灯を消すの。するとね、蛍が暗い部屋の中をフワフワ舞うの……」

あと何回、彼女と蛍を見ることができるのだろう。
また目の前を黄色い灯が風のメロディーに揺れて、青く色を変え流れていった。
6月のクリスマス・ツリー、蛍のワルツ。
闇の中でまた誰かの声が聞こえた。
「スッゴーイ!」
PM9:25　腹が減った。
車の中で弁当を開いた。
蛍を見ながらの、暗闇の中の弁当。どれがウインナーやら卵焼きやら……。
カミさんの握ったおむすびをしっかりと噛みしめた。
なーんて言ってると、かまぼこと一緒に飾りの葉蘭まで噛みしめた。

焼き入れ

今、部屋の温度は43度を少し超えたところ。

目の前のオーブンの２本の温度計は２０５度を差している。

右の蓋口金を摘む。

作業用の厚い皮手袋をしてなお熱さが伝わってくる。

背中と胸のTシャツは黒く色を変え、体に張り付いている。

額の汗を腕で拭う。汗の数滴が頬を伝い顎から床に落ちた。

許された時間は約10秒。落ちた汗に構わず右膝をつき、膝の上に糸で巻かれた六角の竹棒を乗せる。

ここで四十数度の空気を深呼吸。一度小さく「ヨシッ！」と自分に気合を入れる。

口金を外す。

半円の蓋を開ける。

オーブンの中の205度の熱風が顔を襲う。思わず顔を背ける。

金網の中棚が見える。

竹棒を差し込んでいく。あまり中まで差し込むと後の作業がしづらい。蓋口から5センチ程の所に置き、素早く蓋を閉める。

右指で蓋を押さえつつ口金をかける。1秒オーバー。

そのまま体をずらし、オーブンから突き出た2本の温度計を確認。左が右より2度高い。

オーブンの左端のネジ蓋を弛める。

部屋の空気がオーブンに流れ込み、左の温度計の目盛りが下がっていく。右のゲージも下がっていく。15秒程して左右の温度計の目盛りが同じ位置で止まる。

そして1分、今度は徐々に温度が上がり始める。

目指す温度の少し手前、左の蓋をほんの少し弛め、もう少し外の低い空気を流し込む。

目盛りが動きを止めた。

汗が額を流れる。拭った腕を振ると、オーブンに飛んだ汗がジュッと音をたて、瞬間、蒸気となって消えた。


この焼き入れ行程を教えていて、室温のあまりの高さに二人の「竹竿塾」塾生が気分が悪くなり、倒れそうになったのを思い出す。

少なくとも私が米国にバンブーロッド・ビルディングを習いに行った頃（37歳の時）、この焼き入れ行程で気分が悪くなることはなかった。倒れそうになった塾生二人、どちらも32歳の若さである。

数年前、私の50歳の体力測定の結果を見たドクターが言った。

「秋丸さんたち団塊世代の方の特徴で、キツイのにもかかわらず頑張りすぎで、突然倒れることがありますから、気を付けるように……」

こう言われて、どこかで合点がいった。仕事に対しては特にそうだ。

諦めたらそこで終わりだ。頑張れば何とかなる。頑張れ、ガンバレ、でやって来た。

時代が違うよ、と言えばそれまでである。倒れそうになった二人の32歳、今の時代の32歳。

焼きの入っていない32歳に熱を入れるのは、彼ら自身であると思う。


私の作る竹竿は、正三角形の細長い竹棒を6本張り合わせた六角竿。

竹をそのまま張り合わせただけでは、柔らかすぎて使い物にならない。

そこで竹棒に熱処理を加え、硬く、強く引き締める。

竹の中に含まれる珪素が176度以上でセラミック化し、素人の方でもはっきりと分かるくらい硬くなる。

このオーブンに入れての加熱処理、これが竹竿には重要。

昔、アメリカのイエローストーンを旅した時のことを思い出す。

その時一緒に釣った友人のロッドが、アメリカの有名な古い竹竿メーカーの8フィート5番の竹竿。

この竿、穂先から40センチ位の所が変に柔らかく、強風のイエローストーン地域ではキャスティングが思うようにできないのだ。これはおそらくテーパー・デザインか熱処理のミス!? 本当のところはちゃんと調べてみないと分からないのだが、使えなかったのを覚えている。

釣り竿は、表面がどんなに美しくても機能面が駄目ならば釣り竿ではない。

これは私の持論だが、竹竿の機能面とは、大雑把に言うとキャスティングがちゃんとでき、狙った魚を素早く取り込めるということに尽きる。その上での、美しさや佇まいである。

竹竿の調子=アクション、これを決めるのは、竹素材そのものの性格、テーパー・デザイン、ガイドの位置や数、塗装の厚さ、接着剤の性格、グリップの長さと太さなどに加え、大事な要素、熱処理がある。竹に熱を加え硬くする、「焼き入れ」である。

前記のように、オーブンで熱し、竹素材をセラミック化させ硬くする。この焼き入れ具合がロッドのアクションを決める大きな要素である。

竹竿の多くは2ピースか3ピース。2ピースにしろ3ピースにしろ、ロッドの各セクションの太さは違う。他メーカーのやり方、考え方は知らないが、私の場合、この太さの違いで温度を加える時間を変えている。

他メーカーのロッドは当然、アクション設定が違う。そこでこの熱処理が各ロッド・メーカー、各職人の腕の見せ所なのである。

投げやすく、鱒を掛けて楽しく、大きな魚を早く確実に取り込め、小さな魚にも繊細に反応しかつシャープで軽い、美しい竹竿。それが私の目指すバンブーロッドである。

12畳の板張りの作業部屋でオーブンに火を入れて約3時間、最後の1本を抜き出し、ガスの元栓を閉める。

ガスの炎の青が小さくなり、スーッと消えていくと、ガスの臭いが鼻をかすめる。炎の消えたのを確かめ窓を開けると、真夏の外気が音を立てて飛び込んでくる。

その34度の外気の涼しいこと。

この一瞬の爽快感を、32歳の二人が幾つになった時に実感できるのか……楽しみである。

男たちは…

灰色の雲が視界の右半分を覆っていた。その下にロッジポールパインの林が黒く揺れていた。それに続く濃い緑の草々も一様に同じ方向に傾《かし》ぎ、葉先をピリピリと震わせている。強い風だった。生き物の活動をすべて停止させるであろう冷たい強風だった。

私はダークグリーンの防寒用ジャケットのジッパーを顎下まで引き上げ、衿を立て、吹き飛ばされそうになる帽子のブリムを引っぱりながら、上目遣いに前に広がる黒い広大な水の流れを見つめていた。

川は、向こう岸まで約150メートル。視界の右から左へ、全面同じ幅で水を湛え、堂々と流れていた。

一旦車に戻り、着古したオイルド・コーティングのジャケットをもう1枚上に重ねる。ダークブラウンのサングラスを掛け、小走りに元の位置へ引き返した。

そしてまた、50メートル先、流れ中央の黒く光る水面を見つめ続けた。

川は所々に大小の波をたてながら、静かだが力強く流れていた。水中に蛍光グリーンの水草が生き物のように揺れている。水音はない。だがその分、風の音だけが強調されているようだった。

〝グビュー〟

この音が響くたびに水面が10メートル、20メートルの幅で鳥肌をたて震えた。水面を、5ミリに満たない小さな白いゴミのようなものが点々と流れていく。そのゴミは時折風に動いており、中には強風にあおられるのか空中に舞い上がるものがある。ほとんどは数十メートル先まで流れていくのだが、10メートル程行くと、突然水中に消えるものもある。

私はバンクを下り、流れの中に立った。そして少し前傾姿勢をとり、流れてくる白いゴミの一つを左手で掬いあげる。白いゴミ、それはクリーム色の小さなカゲロウ、P・M・D《ペールモーニングダン》（マダラカゲロウ）だった。無数のカゲロウが水中から羽化し、クリーム色の羽をヨットの帆のように垂直に立て、次から次へと水面を流れているのだった。

掌のカゲロウを水面に戻し、下流に流れるのを目で追った。羽がにぶく光り、尻尾はまだよれたまま伸びきっておらず、いかにも脱皮したばかりの弱々しい亜成虫である。3メートル程下流で羽を少し踠《もが》かせたが飛びたてず、また水面を流された。

さらに3メートル程流された時、突然黒い水面が盛り上がり、カゲロウが消えた。

左腕の時計の文字盤に視線を移した。針は10時40分を指していた。私はもう一度水を掬い、濡れた指をなめた。

泥と埃と潰れた虫の油にまみれたＶ８、ＧＭ３５０エンジンの89年式シェビーバンのバック・ドアを開ける。中から濡れた雑巾のすえたような独特の臭いが襲う。その臭いの源、黒く色を変えたチェストハイ・ウェーダーを引っぱり出し、無造作に草叢に投げる。そしてチノクロスのスラックスを脱ぎながら、シェビーバンの横でデッキチェアに座り、パイプに葉を詰めているイヤー・カフス（イヤリング）の男に軽く笑いながら言った。

「ジャスト、10時40分だね」

「凄いねー。当たりだね」

二人とも言葉を交わしてはいるが、共に視線は流れの中央を向いていた。

私は濃紺の厚手のタイツを穿き、ウールのソックスをもう1枚重ね、ウェーダーに足を入れる。腰までズリあげると、条件反射で感じる尿意に、バンク際の草叢で小用を足す。その間も視線は沖を向いたままである。

ウェーダーを胸まで上げ、サスペンダーに腕を通す。足の収まり具合を確かめるため、右足を踏みしめる。

一旦車に戻り、天井からロープで吊るされた古いロッド・ケースの蓋を開ける。３セットある内の一つ、むき出しの竹竿を注意深く抜き出す。ストロー・カラーの自作の2本継ぎの六角竹竿。先竿の端にあるジョイント金具のオスをジャケットの前身頃で丹念に拭きあげる。それを鼻の横に何度か塗り付け、基竿のメス・ジョイントの中に差し込む。軽く1センチ程差し込み、ガイドの並びを空にかざし確かめる。方向を少し修正し、一番奥までゆっくりと差し込む。さらにもう一度竿の直線を確かめ、二度素振りをくれ、草叢にそれを立て掛ける。

イヤー・カフスの男はトレードマークの赤いフィッシング・ベストの身支度を終え、パイプを燻《くすぶ》らせながら私の支度を待っている。赤いベストの背中に10センチ程の豚の尻尾のような髪の毛が垂れている。

私は最初にソルトレイクの空港でこのイヤー・カフスの男を友人のマサに紹介された時、一瞬身構えた。本当に日本人か、と目を疑った。

だが1週間、狭いトレーラーの中で寝食を共にしてきた今、彼が合わせ味噌の味噌汁を吸い、中山式快癒器を愛用し、中島みゆきの「お前を殺したいー」の世界に浸り、20年もロサンゼルスで暮らしながら米国籍を取得しない、生粋の41歳の日本人であることを面白がるようになっていた。

渡邉衛《まもる》。ロスでTVコマーシャルのプロデューサーを生業としている、仙台産のタフネスである。

私は竹竿にクラシック・タイプのリールをセットしながら、言うともなく言った。

「P・M・Dの16か18だね」

リールから黄色のフライライン（ナイロン・コーティングされた組糸）を引き出し、ガイド（糸通し）に通す。そしてセージカラーの振り分けバッグを前後に掛け、サイドのマジックベルトを留め、シェビーバンのバック・ドアを閉める。最後にハーバード・ジョンソン社の中折れ帽の向きを黒い窓ガラスで確かめる。

「やろうか」

先程までの灰色の雲は去り、青空の比率が大きくなっていた。だが強風は依然吹き荒れており、その強さを証明するように広い流れにはたった一人の老人が立っているだけだった。

1993年7月12日、AM10時40分。

私たちが立っている流れは、フライフィッシングのメッカ、米国アイダホ州スネーク川ヘンリーズフォーク。そこには世界中で最も難しいとされる釣り世界があった。スプリング・クリーク（湧き水の流れ）で、餌の選り好みをする英知・鋭敏の大鱒がそこにいた。7年前、私もこのヘンリーズフォークの流れに魅せられた一人。

1986年夏、最初の旅では狙いの50センチはおろか、40センチの鱒さえ取れなかった。流すフライすべてが鱒たちに無視され続けた。

翌1987年、再度挑むが、40センチが数尾のみ。次も駄目。

そして1990年夏、旅の最後の二日間狙い続け、50センチ級をなんとか鉤掛かりさせるが、数分後0・6号のティペット（先糸）は苦もなく切られてしまった。無理もない、0・6号とは15センチの白ハヤ釣りに使うサイズ。だが、その極細の糸でしか鱒は毛鉤を喰わないのだ。

以来、私の頭の中はヘンリーズフォークのトロフィー鱒で一年が回り出した。

採餌する虫は？　対応する毛鉤は？　ティペットの太さと長さは？　キャストの方法は？　毛鉤の流し方は？　竿の調子は？　等々。できる限りのデータを揃え、可能な限りの実釣《じっちょう》トレーニングを重ねた。

カナダの80センチを超える最強のスチールヘッド鱒も4匹取り込んだ。50センチ弱のカムループス鱒も数十匹取った。強風、激流のニュージーランドでは、65センチまでの猛獣のようなブラウン鱒も取り込んだ。1987年、現在生業としている六角竹竿作りを米国シアトルで2カ月以上かけて習ったのも、ヘンリーズフォーク鱒とやり合うためである。

やっとやり合える手応えを感じた1993年、私は旅行代理店業を始めた友人、日高正博こと通称マサにイエローストーン旅行を依頼したのだった。

水面近くをイワツバメが舞っていた。上流200メートル程にペリカンが3羽浮いていた。偏光グラス越しに見える流れの黒と青い空のコントラストが鮮やかだった。そのすべてが本来の姿をしていた。

「やっぱいいなー」

私は誰に言うとなくつぶやいた。

その言葉にマモルが、微かに口元で笑った。

直線の流れ。三面護岸、生物の棲めない川……そんな日常の光景が頭をチラッと過《よ》ぎった。

私たちは静かに流れの中央に歩いていった。川底の石の起伏に気を配り、水草が足にまとわりつくのを楽しみながら歩を進めた。

シェビーバンの位置から真正面約40メートル、流れの幾筋かが集中している箇所がある。狙いはそこだった。その手前でまずマモルが立ち止まる。私はその位置から右へ、流れに平行して20メートル上流に歩き、さらに少し前進し下流を向いて立つ。そこから右下流5メートル、最初からそのスポットに焦点を合わせていた。

それにつながる流れの筋を、白いゴミP・M・Dが微かに羽を揺らしながら流れていく。

水中に没することなく流れていく。そして10秒後、私の見つめるそのスポットに達した時、水面が大きく盛り上がりカゲロウが消えた。

私はラインを引き出し、ロッドを左脇に抱える。ティペットの傷を右人差し指と親指でしごきながら丁寧に点検する。傷はない。だが、長さが足りない。

フロントバッグの小ポケットから0・7号、3・5ポンド（1・6キログラム）・テスト、30メートル巻きのスプールを取り出し、一尋《ひとひろ》（約180センチ）引き出す。それをティペットの先端にブラッドノットで結び、連結部を軽く舌で湿らせ、結束部を強くする。これでティペットの先端とリーダー（先細形状の道糸）の全長が17フィート（約5メートル）。通常使っている長さの1・5倍の超ロングリーダー・ティペットである。

このヘンリーズフォークで好結果を得るための必須条件、それはドラッグ・フリー。つまり毛鉤をいかに本物の虫のように自然に鱒の所まで流すか、にかかっている。短いティペットを直線で張っていると、どうしても毛鉤にドラッグ（不自然な動き）がかかり、鱒が喰わない。それを防ぐため、ロング・ティペットで毛鉤の手前にスラック、つまり縒《よ》れや弛みをわざと作っておくと、それらがほどける間、毛鉤はしぜんに流れることになる。できる限り自然に毛鉤を流すための手段——それがロングリーダー・ティペット・システム。

木製のフライ・ボックスから私が最初に選んだのは、18番（5ミリ位の毛鉤）の薄いグリーン色のＰ・Ｍ・Ｄを模したパラシュート・フライ（空気抵抗が強く、水面にソフトに着水し浮く毛鉤）。それをダブル・クリンチノットで結ぶ。もちろん鉤はバーブレス（かえし無し鉤）。

ここヘンリーズフォークのフィッシング・レギュレーション（釣り規則）。

フライフィッシング以外不許可

バーブレス１本鉤のみ使用可

キャッチ＆リリース（釣った魚を生かしたまま再放流すること）

どんな大物を掛けても、誰一人として魚をキープしている場面には出会わない。やらずぶったくりの東洋の島国とは違うのだ。

白いチューブからフロータント（浮力剤）をしぼり出し、毛鉤にもみ込むように塗り付ける。次に必要量のラインを引き出し、一旦下流に流す。音を立てずにそれを抜き上げ、そのまま竿を頭上に振り上げる。黄色のラインは「つ」の字を描き、竿先端から青空めがけ伸び上がっていく。そのラインが直線になりフライ手前のティペットが伸び切る寸前、竿を前に突き刺すように振り下ろす。毛鉤が先程のカゲロウの消えた位置より１メートル上にフワリと落ちた。

私の後からペリカンたちが下流をめざし飛んでいった。

波のきらめきの中に、毛鉤を結んでいるマモルの姿が見えた。


PM7時。釣りは続いていた。

朝やり始めてすぐ50センチ・オーバーを2匹取った。だが、それ以後が続かない。鱒が採餌する虫の種類が30分ごとに変化し、一度出た毛鉤に二度出ないのだ。取り替えていった毛鉤は7種、各2サイズの各2本から3本、総数40個近くを数えていた。

今一度、改めて水面の虫を注意深く観察する。

まずカゲロウ、羽の色は似ているが大きさが二種。一種は16番・18番のP・M・D。もう一種はワン・サイズ上、14番（10ミリ）のフラブ（大型のマダラカゲロウ）。それに今はカディス（トビケラ）の16番サイズが加わっていた。鱒の採餌はこのどちらかの16番である。

私は、流れの速さからカディスと直感する。そして鱒の位置から目を離さないようにしながら、1メートル右に立つ位置を変える。それで鱒の位置が見やすくなった。

そこでもう一度考える。毛鉤は16番だ。流し方もよい。となると、残りはティペットの太さだ。ラインをたぐり、0・7号のティペット先端1メートル20センチをカット。0・6号を同じ長さに繋ぎ、16番のカディス毛鉤を結ぶ。その毛鉤の羽毛を指でむしり取り、ボリュームを半分にする。浮力が強すぎると思えたからだ。

チラリと左下流のマモルを見る。彼は向かい風を突き破るようなパワー・キャストで下流を狙っている。「日本が俺を受け入れないんだ」と言った彼の言葉が思い出され、「らしいな」と思った。

私は元の狙いのスポットに注意を戻す。

鱒は依然、ライズ（採餌浮上行為）を続けている。気持ちを整え、毛鉤を投げる。鱒のライズ位置より1メートル上、先糸に小さなスラックを作り、落とす。高めに保持した竿を前に倒しつつ、腕を伸ばしながら毛鉤を送り込む。スラックがほどける。

10センチ、30センチ、50センチ、80センチ。

そしてその点に達した時、水面がゴボリと盛り上がった。そこで一呼吸置き、大きく合わせをくれる。瞬間、竿先の手応えを感じる。

「ヨシ!!」

この声にマモルが動作を止め、見守るのが見えた。

ラインが引き込まれる。

私はロッドを頭上高く差し上げ、沖目に動きながら、ラインを手早くリールに巻き取る。

ストローカラーの竹竿が張力の限界を示すようにひん曲がった……。

2分が過ぎた。魚は最初のジャンプで50センチを大幅に超えるレインボー鱒であることが分かっていた。

あせるな!! あせればやられる!!

その言葉を胸に念じながらラインを張り続けた。大鱒が私の前を悠然と下流に泳いでいく。竿を頭上に保持し、魚のスピードに合わせゆっくりとリール・ハンドルを回していく。その魚の進行方向、下流バンク際の仲間たちが大喜びしている。そのはずだ。二日間狙い続けて掛けた大物だ。私がガッツ・ポーズで応える。仲間たちが写真を撮ろうと立ち上がる。

その瞬間、今までとは全然違うスピードで鱒が沖目に向けて走り出した。急に現れた人影に驚いたのか、危険を感じたのか、その大物鱒本来のパワー・ランが始まった。一瞬のうちに30メートル以上を走り抜け、バッキング・ライン（予備ライン）まで引き出した。

ズーズーズー!!

リールが叫ぶ。

今止めねば、沖目の水藻に潜られたら終わりだ。その思いがラインを握った右手を締めさせた。その直後、グズッという感触が右手に伝わった。そして黄色のラインが力なく流れに浮いた……。

どうしてもヘンリーズフォークの大鱒だ。2号の極太の糸で取る80センチ超のスチールヘッド鱒より、1・5号で手にした65センチの猛獣鱒よりも、0・6号の極細サイズでしか挑めない英知の鱒が欲しい――。

こんな3年前の失敗や、7年間願い続けた思いが頭を過《よ》ぎる。

それがリール・ハンドルから指を離させた。

リールが泣き、心臓が頭で鳴っている。バンクの上のギャラリーが寄って来る。魚が走り、リールが鳴るたびに歓声があがる。

私はさらに慎重を期し、魚に付き下流へ進む。ギャラリーも続く。

魚の頭が水面を切る。

魚が頭を振り沖目に走る。

リールが鳴る。

竿が張られる。

しかしこのリール音は、今しがたまでのようには長くは続かない。

竿をあおり、私は魚を岸際に寄せる。

左手がランディングネット（タモ網）を掴む。魚が寄る。だがロングティペットのため魚まで2メートルもある。

私は竿を張り、寄せながら自らが3歩、魚に走り寄る。ネットが魚体の下に入る。掬い上げる。同時にギャラリーの拍手と歓声が沸きあがる。

ネットを高く差し上げ、ギャラリーに応える。ギャラリーから祝福のガッツ・ポーズが返る。100メートル上流のマモルが私の方を見ている。私はもう一度ネットを差し上げ、ガッツ・ポーズで示した。


PM9時。水温15度の流れに浸り11時間、竿を振り続けた男たちが帰路につく。4畳半程のトレーラーに戻り、米をとぎ、湯を沸かし、麺だけの焼きソバを頬張る。

汚れた食器は流しに重ね、テーブルを外し、畳1枚程のベッドを作る。AM1時、膝を折り曲げるようにしてそれに滑り込む。5秒程でいびきが聞こえる。


AM8時。30秒以上目覚ましのベルが鳴り響き、のろのろと朝が始まる。そして1時間後、男たちはまた川へ向かう。

プライド

6月28日最終日、PM8時10分。

やっと大鱒たちに捕食活動のスイッチが入った。

ライズを見つけて3投目、投げようとしていると流れ横のバンクトレイル（畦道）を背の高い男が歩いてくるのが目に入った。そのまま歩いてくれれば、ライズしている鱒の横を通ることになる。そうなれば確実に鱒に気どられ、ライズを止めてしまう。

私は一旦キャスティングを止め、男に向かって叫んだ。

「Go away!!」

「!?」と男
「Please go outside!」と、もう一度私。

それで男が分かってくれた。手を上げて流れから離れて歩いてくれた。

お礼の合図を送った直後の1投目、私のスピナーフライ（カゲロウ成虫毛鉤）を大鱒がくわえた。

「ッシャー！」と私が叫び、ジャージー!!　とリールが悲鳴を上げた。

魚が走り続ける。

魚のラン方向に直角にロッドを寝かせ、走りを止める。近くに居た仲間のレージが釣りを止め、見守るのが分かる。

「ゴメーン！」

レージの狙っていたポイントに私の掛けた魚が走ったため、その場所が荒れてしまったはずだ。

3度のリールの悲鳴の後、10メートル下流の左バンク（岸）側で魚を止めることができた。

先程の男がバンク上からネットを出して、手伝ってやろうかと合図を送ってくる。

「Thank you very much but no problem!」

笑顔の私に男が右手を上げそのまま見守る。

その後20秒、魚の最後の抵抗をロッド・ワークでいなし、一人でランディング（タモで魚を掬うこと）。

アメリカ釣り旅初めてのレージが、興奮気味にカメラのシャッターを切り続けていた。

握手の後、英語の分かるレージが笑いながら言った。

「Go away!（向こうに行け！）には驚きましたよ」

「当然だよ。あのまま歩かれたのでは魚は確実に沈んでしまうからね」と、ランディングネットの水を切りながら私。

釣り場においては釣り手が最優先。トレイルそばの魚を狙っている場合、避けて通るのがマナーであり、ルールであり、常識。

過去に数度、バンク際の大物〝バンクフィーダー〟を沖目から狙っているにもかかわらず、平気で魚のそばを歩いていく奴に苦い目に遭っている私は、そんな時は必ず声を掛けるようにしている。

「Please go outside」と優しく、微笑みながら。「向こうに行きやがれ！」との心を込めて……。

ここアメリカ、アイダホ州の大鱒釣りの名流ヘンリーズフォークを日本の友人たちと訪れるようになって約20年。私の旅パーティーのメンバーには、ここの釣りマナーとして幾つかのことを確認し合っている。

（1）ヘンリーズフォークの魅力は、世界で一番気難しい〝ドライフライ・マッチ・ザ・ハッチ〟の釣り。英知の鱒が餌を選ぶ。それをさらにドライフライ（浮く毛鉤）だけで釣る、最高難度の釣り。ここで大物鱒を掛けることはフライフィッシャーとしてのステータス。大物のライズを探し当て、ドライフライかイマージャーフライ（半沈み毛鉤）で掛けるのが真のヘンリーズフォークの釣り。

これはルールではない。

マナーとも違う。

言わば釣り人のプライド。

地元アメリカの友人たちと話していると、どんな大物でもニンフ（沈ませる毛鉤）で釣ったと分かると、そこで話が途切れ、明らかに馬鹿にされる。

（2）ランディングは3分以内、その後のスムーズなリリース。

マッチ・ザ・ハッチの大物鱒たちは、流れる本物の虫と疑似餌毛鉤を確実に見分ける。さらに毛鉤を結んだティペット（先糸）が太いと、それだけでおかしいと見破られる可能性が高くなる。

そこで経験の少ない釣り人は、ティペットを細くすることで毛鉤をくわえさせようとする。しかし私たちパーティーのメンバーにそれを許さない。細くても6X（0・6号）まで。それ以下の細さになると、喰いはよくなるが大鱒たちは簡単に糸を切っていく。また、6Xより細くなると、釣り人がランディングに必要以上に慎重になり、時間がかかりすぎて、たとえ取り込めたにしても魚が弱り、リリースしても死んでしまう。

だから私たちは6X以下の細いティペットは使わない。

これもルールではない。マナーに入るだろう。

理想は、50センチ・オーバーの大鱒を5X（0・8号）以上のティペットで掛け、すばやくランディング、そしてスムーズにリリース。

これが私のプライド。

（3）同じくロッドも、50センチ・オーバーの大鱒を3分以内に取り込める力を持っていること。
しかもバンブーロッドが理想。これは私個人の趣味と拘り。

私は自作のバンブーロッドしか使わない。

数年前、地元のフィッシングガイド、フィルに棘のある声で言われたことがある。

「最近、日本人の釣り人たちが柔らかいバンブーロッドを使って、ランディングに10分も20分もかけているのを見るが、お前は大丈夫か！」と。

私はその言葉を鼻で笑って、フィルの目の前で51センチの大鱒を2分半で取り込みリリース、彼を黙らせた。
私にとって、3分以内のランディングとその後のスムーズなリリースは、ヘンリーズフォークに限らず、すべてのフライフィッシングにおける基本のルールである。

私がヘンリーズフォークで使うロッドは自作のバンブーロッド、7フィート9インチ4番ラインの2ピース〝ヘンリーズフォーク・スペシャル〟。20年かけて完成させたホロービルトの自信作。

繊細な1・75ミリのティップ、魚の抵抗を抑え込む5・50ミリのミドル・セクション、鉤掛かりした魚の最初の強烈な走りを止める8・40ミリのバット・セクション。今旅の最大が53センチのオスのレインボー鱒、掛けて取り込みまで2分半。すばやく写真に記録、鱒は沖目に悠々と泳いで行った。

数年前の旅で、ヘンリーズフォーク初めてのメンバーKが使っていたのは、他のロッド・ビルダー（竿師）が作った7フィート9インチ4番ラインのバンブーロッド。50センチの魚を掛けた時、何とか走りを止めることはできたが、ヘンリーズフォークの強くて重い流れでは寄せることのできないロッドだった。

作者のロッド・ビルダーは、ヘンリーズフォークでは釣りをやったことがないらしい。ロッドはフィールド・テスト（川での現場テスト）をパスした上でしか使えない。取り込みに時間のかかりすぎたKは、そのことをランディング時の魚の弱り方を見て肝に銘じたはずである。

以上の約束事を確認した上で、我が釣りパーティー〝24インチ・ツアー〟は18年続いている。

旅メンバー中にはヘンリーズフォークが初めてという人も多い。多額の費用をかけ、皆が大物を夢見てやって来るわけだが、なかなか大物に巡り会うことは難しい。ゆえに数少ない成功のチャンスに慎重になり、取り込みに時間をかけ、その上に記念の撮影。気持ちはよく分かるつもりだ。

ある者は大物写真を得意げに夕食時に見せ回る。

ある者は逃がした大物のことを嬉しそうに話す。

ある者はひたすら聞き役に徹し、明日に期す。

ある者はどうしても毛鉤をくわえさせられなかった自分を嘆き、黙り込む。

旅はこれが楽しい

どう生きてきたか、どう生きるか。ヘンリーズフォークの釣りは、釣り人の人生を垣間見させて私をさらに魅了する。

それにしても2008年、今回のヘンリーズフォークは、通常より30センチ以上低い異常な水位だった。

流れ両サイドは乾いた川底がむき出しとなり、岸辺の岩と土のカサカサの白い線が痩せた流れを訴えていた。常に百数十メートル幅で、大きく強くうねって流れる滑らかな水面が、10センチ台の波立って流れる早瀬になっていた。

流れの豊饒《ほうじょう》の証、蛍光グリーンの水草は影を潜め、水生昆虫の流下はわずかに数えるほどしかなく、当然それを餌として喰う鱒たちのライズは見られなかった。

これほどのヘンリーズフォークの水位の大幅低下は、20年近く通って初めてである。そんな厳しい条件にもかかわらず、我がパーティーが出した素晴らしい釣果には、改めてヘンリーズフォークの釣り場としての凄さを見せられた気がした。

近年、ヘンリーズフォークの環境が悪くなっている、とアメリカのメジャー誌でも取り上げられる。原因は幾つか特定されていて、地元保護団体ヘンリーズフォーク・ファンデーションを中心とした活動が動き始めているようだ。

一年に1度、わずかな時間しか接触することがなく、しかも比較対象として常に悪条件の東洋の小渓流でしか釣りをしていない私には、ヘンリーズフォークの環境が悪くなっているという実感はないのだが、この鱒の聖地が潰れることは許されるものではない。しなびた60歳を迎えようとしている日本人に何ができるか分からないが、悪くなっているのなら何かしないではいられない、微力ながら動いてみようと思う。

曲げ取り

親指の第一関節が痛い。

竹の曲げ取りをやると必ずだ。

特にバットの竹は太いため、曲げを取るのは厄介だ。

丸竹を割った、幅7ミリ×厚さ8〜10ミリ、長さ130センチ前後の竹棒、その曲がりを取り、真っ直ぐにする作業なのだが、ロッド作りの作業の中で何が嫌かと言えば、私はこの曲げ取り作業が一番嫌。

1987年から2008年の今日に至るまで作ったロッドが400本弱。1本のロッドを作るのに12本の竹棒が必要なので（12×400＝）4800本、400本の内2ティップ・ロッドが約150本としてプラス900本、合計5700本の竹棒を真っ直ぐにしたことになる。

最近こそ弟子君たちが一部作業を手伝ってくれるから少しは楽になったが……良いロッド

を作る上で欠かせない作業工程なのだ。

ロッドを作り始めて二十数年、正直言ってこの作業を楽しいと思ったことは一度もない。これだけは仕方なくイヤイヤやってきた。

物事不思議なもので、嫌だと思うことが一番大切だというのがよくある。ロッド作りにおいてはこの曲げ取りが正しくその類。

曲げ取りがうまくいっていないと、ロッドの完成度が確実に落ちるのだ。だから、嫌でも手を抜くわけにはいかない。どうにも始末の悪い工程である。


竹棒に熱を加え、プレッシャーを掛けて曲がりを伸ばしていく。

竹は熱を加えると柔らかくなる。その柔らかいうちにプレス器（万力）にかけ、曲がりを伸ばしていく。これが面倒臭い。

竹の曲がりは一方向ではない。上下、左右の曲がりに捩れが加わる。

さらに、竹には節がある。竹繊維は節の所で大きく曲がりくねる。節の前後には、上下の横S字の曲がり、左右の曲がり、捩れの組み合わせが5センチ位の中に必ず2カ所出てくる。

この節の部位が難箇所。ここが指の痛くなる最大の原因。

プレス器は単純に凸凹の原理を使い、凹の上に熱して柔らかくなった竹を置き、凸でプレスをかけ真っ直ぐにする。

ただこのプレス器、一時に1カ所でしか使えない。ということは、節の所のようにS字の曲がりに捩れが加わると、どこから曲げを取っていくかをしっかり計算してやらないと、左の曲げを取っているつもりが右の曲がりを大きくしていたりすることになる。

そこで考えた。

節右の横S字の曲がり、上方向の曲がりに、プレス器で上から力を加えつつ、すぐ横に繋がる下方向の曲がりに対し、左手親指を竹下にあてがい上方向にプレッシャーを加える。

下方向からの〝指万力〟だ。

言葉にすると簡単だ。

だが、熱せられた竹は熱い。どれくらい熱いかというと、熱すると言うより焼くと言う方が適切。

事実、熱した部分は黒く焦げる。

竹を焼くと焦げる（炭化する）。これは竹の中の成分である珪素が176度を超えてセラミック化すること。熱した直後の竹は文字通りグニャグニャになるが、1分程で熱が冷める。冷めると、珪素がセラミック化し、熱を加える前の竹の数倍の硬さになる。

焦げた竹が冷めない（柔らかい）うちに、火傷を覚悟で、手袋をせず（手袋をしていると感覚が狂ってしまう）じかに指で竹棒を摑み、〝指万力〟で曲げを伸ばすのだ。

作業を始めて2時間、終わったのは5本。

今日のノルマはあと7本。

私のロッドの価値がここに集約されていると言っても過言ではない。

2002年、つり人社から刊行された田代俊一郎著『韓国の釣り』の中で、私の作るバンブーロッドを「……命をかけた作品である」と評してあった。

嬉しいとともに、改めて製作姿勢を自分に問いただしたことを思い出す。

2008年、「本当に命をかけて作っているか？」と、再び自問した。

そこには少し答えを迷っている59歳の竹竿屋がいた。

それにしても……トホホ、指イテー。

伝えたいエピソードが一つ

伝えたいエピソードが一つ。

ほんの短い話なのだが、私が作っているバンブーロッドには欠かせないポイント。

2006年の年の終わり、「竹竿塾」の新入生が二人決まった。

千葉からの細川大輔君、30歳。色の付いていないフレッシュマン。

もう一人は、熊本からの45歳の中村祐一君。その彼の入塾が決まった時のエピソード。

彼は私の釣友《ちょうゆう》で、アマチュア・バンブーロッド・ビルダー。

5年前、40歳の年齢を理由に彼の入塾依頼を断った時、初めて彼のバンブーロッドを振った。私はそのロッド・ティップの暴れを指摘した。それ以来の付き合い。

それから1年後、次に見た7フィート9インチ4番の彼が作ったバンブーロッドは、私も使いたいと思うほど良いロッドだった。去年見た彼のオリジナル・グラスロッドはプロでも通用するレベル、10年間誰にも習わずに一人で努力してきた彼の良さが、ロッドのそこここに現れていた。

これまでの「竹竿塾」生徒7人は全員、色の付いていない未経験者。それからすると中村君は異色だった。一回断られた入塾を、彼は諦めていなかった。再度、入塾を希望してきた。私も今回は迷った。迷った挙句、彼の情熱にほだされた。

彼の実力と能力を摑むためと、アマチュア・ビルダー独特の嫌な色や癖が付きすぎていれば入塾を断るつもりで、11月にテストを実施。内容は、一番重要で基礎となる曲げ取り。幅5・5ミリと7ミリ、長さ130センチの竹棒各6本、計12本を真っ直ぐにする作業。

まず、彼が宿題でやってきた曲げ取り完成棒を見た。

「自分のロッドが良いかどうか判断がつかないのです」

その時点での彼のロッド・ビルディングの力を表す象徴的な言葉。

彼のやった宿題の竹棒をチェックする。

案の定、〝真っ直ぐ〟ふうだが、私の言う真っ直ぐではなかった。

直線を竹棒のアウトラインで作っている。アウトラインはかなり真っ直ぐなのだが、肝心の竹繊維が節を中心に左右上下に曲がり、捩れも残っている、節山の押さえも甘い。それを指摘。

指摘されると、その箇所が彼にも理解できたようだった。それから数時間、彼の悪戦苦闘のやり直し作業が続いた。

半日かかって、彼の思うやり直しが1本だけ完成した。

「今度こそ絶対ＯＫです!!」と彼。しかし、節際から上4ミリのスペースにS字の曲がりが残っている。節山の押さえが弱い。節前後の持ち上げが足りない。第二節上、竹棒の左側幅1ミリ×長さ10ミリが下に0・2ミリ程傾いている。

片側だけの捩れ歪み。ただそれは、竹棒を光に翳《かざ》して見なければ確認できないほどのほんの少しの歪み。

ほとんどのビルダーはヤスリで削り表面を揃えるだろう。だが竹表皮が一番重要、特にバンブーロッドのウィーク・ポイント、節周辺の表皮は残しておきたい。

「竹竿塾」では、削らず曲げ取りで面一《つらいち》にすることを教える。この曲げ取りをやることで、バット・エンドからティップ・トップまで竹繊維が切れていない、美しく強いロッドのベースができるのだ。

中村君が竹棒を光に翳《かざ》してみる。だがロッド・ビルディング10年の経験を持つ彼をしても分からないほんの小さな難しい歪み。

「指腹の感触で確認してご覧」

それでやっと彼にも確認できた。そしてその最高難度の歪み直しに挑戦。しかし彼にできるわけがなかった。

私がやってみせる。

S字は左右の曲げ取りと節前後の持ち上げを、捩れは節の押さえと捩れ取りの複合作業を同時にやるのがポイント。

食い入るように観察する彼。15分後、私がやった完成竹棒、それが真の〝真っ直ぐ〟であることがやっと彼にも認識でき、目を輝かせた。

「竹竿塾」では、「私から盗め」と教える。私の作業、考え方を観察し盗み、塾生自身の工夫を重ねて自分のスタイルを確立させること。自分色のオリジナル・バンブーロッド、それがプロフェッショナルとしてやっていく最低条件なのだと伝える。

ほんの少し色を持った中村君、その情熱と創意工夫と観察眼、そして謙虚さと向上心が当然あると期待したい。

「中村君、竹竿塾入塾テスト合格」

後は「竹竿塾」の拘りレベルを理解していけば、何が本物なのか分かっていくはず。

そして2年後、2008年10月の授業。

「助ちゃん（中村の愛称）、第一節前後の沈みを、もう0・1ミリ持ち上げろ」

中村が約2年で0・1ミリ腕をあげた。

焦らずじっくり頑張れ！

バンブーロッド・ビルダー人生の一齣。

バンブーロッドの作り手にしか理解しにくい竹竿屋の風景。

竹竿屋の風景

35センチのトロフィー大山女魚がライズ（鱒が採餌する時に水面に現れる波紋）する、開けた広いプール……半分イメージ。

ここで7フィート3番ラインの自作バンブーロッドで完敗した。これは現実。

2006年4月某日、X県X川Xプール。現実か空想か、判断はお任せする。

大きな瀬が流れ込む、開けた広いプール。強い流れの筋が正面右から2本。その奥側筋の向こう、岸との間に1メートル幅の滑らかな水面。そこで30秒に1回の割合で小さな波紋。

波紋は小さいが、明らかに擦れた大山女魚のライズ。

そのライズの主を狙うべくプールを前進。フィッシング・ベストの丈下ギリギリまで立ち込む。が、まだ魚までの距離は15～16メートルもある。しかし、それ以上前には深くて進めない。

7フィート・ロッドで3番ラインをアップクロス（上流斜め上）に投げるが、案の定、手前2本の流れが邪魔をする。ラインを操作してドラッグ（毛鉤の不自然な動き。自然に流れないと山女魚は毛鉤をくわえない）を回避しようと試みるも、うまくいかない。クロス（真横）からも駄目。ダウンクロス（下流斜め下）では……やはり最後の30センチがうまく流しきれない。立ち位置が深すぎる。そこから攻めるには距離がありすぎる。何度やってもうまくいかない。

私の釣りの技術と7フィート3番用ロッドの能力の限界を超えていた。

ライズはかなりの神経質なタイプのもの。4番ラインよりも軽く、優しいプレゼンテーション（毛鉤を水面に落とすこと）のできる3番ラインの方が絶対有利。あとはロッドの長さとパワーが欲しい。しかしこの時、私は3番用ロッドを他に持っていなかった。完敗だった。

現実的に長めの3番用ロッドというものをイメージしたのは、これが初めてだった。

この現場での深い立ち込みには、8フィートの長さと15メートルをコントロールできるパワーが欲しいと思えた。これが釣り人としての欲求。

もう一つ。それは以前から感じていたこと。

8フィート6インチ（約259センチ）や9フィート（約274センチ）の長物で3番ロッドを幾つか見たことがあったが、どれもベトーンとしたスロー・アクション（柔らかい竿の調子）の、投げにくくて、釣りが楽しくなさそうな、どんな状況の釣りに使うか想像できないロッドばかり。市場に私が思うアクションの3番用ロッドは存在しなかった。それが8フィート製作を決心した動機。無いなら作ってやる、という職人の心意気。ただし、ホロービルト・ロッド（中空構造の竿）という必須条件が付く。8フィートの長物ロッドになると、通常のソリッド・ロッド（竿本体に竹肉の詰まった竿）では3番の軽い番手でも120グラム位になる。それでは重くて使いづらい。ホロービルト・ロッドだと10%から15%軽くなる。その上、中空構造により反発力を増し、またティップが軽くなるためバイブレーションが消え、プレゼンテーションがソフトになるなどの好条件がその根拠。

2006年6月、山女魚用8フィート3番用ロッドの製作を開始。まず7フィート9インチ・ロッドを作った。8フィートより短い分、ロッドとして具体化しやすかった。

それが2007年7月、北海道のテストを終え完成した。しかし、これではまだ職人としては面白くない。釣り人の心も、やはりあと3インチ（7・5センチ）・プラスを欲求する。

2007年8月、7フィート9インチロッド・デザインのアレンジを基本線に、8フィート3番・2ピースのプロトタイプ（テスト・ロッド）製作に取りかかった。

以下は、ロッドの製作状況とテスト・リポート。


8月1日、既に完成している7フィート9インチ3番のテーパー・デザイン（ブランクが徐々に細くなっていく形状のこと）を基準に、ティップABC3種、バットDEF3種を製作。ジョイント径を同じにしておき、先竿と基竿9種類の組み合わせの中からベストを選ぶ。

Aは7フィート9インチのティップのテーパーと同じで、ブランクの長さを8フィート用でカット。

BはAの先端側、全長の半分を0・002インチ太くする。

CはA全体を0・002インチ太くする。

Dは7フィート9インチのバット・テーパーと同じにし、長さを8フィート用でカット。

EはDの細い側、全長の半分を0・002インチ太くする。

FはD全体を0・002インチ太くする。0・002インチ太くするということは、六角のブランク対面寸法のため、削りの作業は三角形で進めることから、片面のプラスは0・001インチとなる。

8月3日　これらのテーパー・デザインでティップ3本、バット3本製作開始。

（中略）

10月1日、オイル・フィニッシュをしたホロービルトのブランク完成。

10月2日、ブランク・カット。

10月3日、各バット部にコルク・グリップを接着、リールシート（リール台座）を仮接着。

10月4日、グリップをカッターナイフで荒削り。各フェルール（ジョイント）を接着。

10月7～9日、ティップ、バットを繋ぎ、9種の組み合わせの中からベストを探る。

10月10日、CとFの組み合わせがベスト。

ブランクをさらにロッドの形に仮製作していく。リールシートを完全接着。

10月12日、ガイドをラッピング（糸で巻き留める）。ガイド位置を決める。まず全体が7・5センチ長くなったことを考え、7フィート9インチ・ロッドの数より1個多い11個でラッピングのあと、ラインを通し投げてみる。7フィート9インチよりも全体が曲がるアクションになっている。しかし、今ひとつラインが延びない。自分の予想ではもう少し延びてよいはず。ガイドを全部外して10個にし、位置を変えて再度ラッピング。

10月月24日、再度キャスト。ガイド10個でラインの延びが全然違ってきた。

キャスティング・レンジ（投げる距離）を5メートルから15メートルの範囲で探る。

全体を0・002インチ太くした分、強すぎる感がある。特に中央部フェルール前後が強い。この部分をもう少し曲げたい、そのためには細くしたい。この部位のガイドを外す。

10月25日、ティップCの下部、フェルールから上約30センチ、バットのフェルールから下約30センチをサンドペーパーで削って細くする。

12ミリ角×長さ4センチの角棒に#600のサンドペーパーを巻きつけ、それでブランクの片面を慎重に注意深く削っていく。削り厚はブランク両面で0・001インチ（コピー用紙の3分の1＝0・05ミリ）。削りすぎないようノギスを当てながら丁寧に削っていく。削っていない箇所との境に段ができないよう、滑らかに削りを薄くして繋いでいく。

本当は、一番大切な竹の表皮を削っていくなど言語道断の作業なのだが、これはあくまでテスト・ロッド、削った分の強さを本番ロッド・テーパーで修整計算して作ればよい。

3時間程で削りが完成。保護のためオイルを塗ってすぐ拭き取る。

10月26日、もう一度ガイドを取り付け、キャスト。気になっていた中央部が細くなったことでうまく曲がり始めた。ティップからの曲がりがスムーズに降りてくるのが手に伝わってくる。

10月27日、グリップの太さが仮削りで太く握り難い。径24ミリを23ミリまでカッターナイフでざっと削る。その上でキャスト。さらに良くなった。

ただ、今度はグリップが細くなった分、グリップ上の部位が強く感じる。

10月28日、グリップ上の部位約30センチを0・001インチ、サンドペーパーで削り細める。グリップ上が気持ち早く曲がり、キャストしやすくなった。

短い距離より10メートル以上の方が、釣りが楽しそう。私は好きだ。ティップ・トップの突っ込む感じが少し気になるが、これは長物ロッドの特徴と習性で、仕方ない。7フィート9インチにはこの突っ込み感はない。7フィート9インチと8フィートの世界の違いがはっきりと出るのが、この突っ込み感。まあ、いい。これでいく。

陸上でのキャストはこれでＯＫ。後は実際に川でキャストし、魚を掛けて、どのようにロッドが反応するか、釣り竿は〝釣ってなんぼ〟の世界である。

10月29日、ロッドの仕上げに入る。グリップをカッターナイフとサンドペーパーを使って最大径22ミリで完全仕上げ。

10月30日、ガイドを糸で巻き留めたラッピング部位をウレタン塗料で一日1回、8回塗ってコーティング。リールシートにはリング&キャップをエポキシ（接着剤）で接着する。

11月15日、コーティングもほぼ固まった。どうしてもキャストしたくなり、近所の川でキャスト。実際の流れで投げると、7フィート・ロッドと較べやはりパワーと重さは感じる。

この日で、銀座展示会用意のためテスト一旦中止。

2008年1月10日、年が明けた。テスト再開。

2月24日、キャスティングの名手・東智憲氏来訪。彼にはまだ8フィート・ロッドは見せず。

3月7日、山女魚釣り解禁となった熊本県白川《しらかわ》で実釣《じっちょう》テスト。川は水位が低い。まず5メートル先のポイントで20センチの山女魚が出た。その魚の出にロッドを合わせる。思ったより腰があり、合わせの伝達性は早い。次に、10メートルで21センチ。これくらいが私の一番好きな距離。合わせのタイミングも、よく使う7フィート台のロッドと変わらない。使いやすい。メンディング、フリップ、ロールキャスト等々、ロッドの操作性は7フィートと較べ随分と楽、これもOK。

後はロッドを充分曲げてくれるデカい奴が欲しい。

次は23センチ。ティップ先端からジョイント上まで綺麗に曲がる。こんなものかな。

一日中使ったが、重さは全然気にならない。まずはテスト1回目を終了。

3月14日、白川。

3月15日、大分鳴子川から白川。

3月16日、熊本川辺川。

テストに出かけるも、良い魚に出会えず。どこも水が少ない。

キャストのスピードと距離を試す。距離を変えて、速いスピード・遅いスピード、小さいモーション・大きいモーション、タイトループ（ラインがキャスティング時に作る狭い幅のU字形のこと）・ワイドループ（幅の広いU字形）等々。距離は5～15メートル超までOK。

毛鉤を水面に落とし、ピックアップ（抜き上げ）してみる。ゆっくりロッドを起こしていき、水面からラインの先端が離れる時がピックアップのタイミング。7フィート・ロッドと較べ8フィート・ロッドは長くなった分、ラインを長く出せた状態からピックアップできるので、ロッドに負荷が掛けやすく、曲げやすい。

短いロッドと較べ1回目のバックラインの延びが違う。いい感じ。そのままラインを徐々に延ばしていってシュート。12メートル先の狙いのスポットに毛鉤がうまく入った。

ピックアップは問題ないが、コルク・グリップ径を22ミリにしたことでグリップ上部の張りと強さを若干感じる。とりあえずはこのままでいく。デカい魚を掛けてからどうするかを決めよう。ほぼ満足の出来である。

3月19日、白川。22・23日、白川。水少なく、ハッチ無し。23日は雨で釣りにならず。三日とも、先行者が多くて釣りにならず。ロッド感想無し。

3月28日、福岡の〝秘密川〟。
山岳渓のため、まだ水温が低く、水が少ないため山女魚の反応無し。ロッド感想も無し。
4月4・5・6日、四国高知で試《ため》し振《ぶ》り会とアマゴ釣り。

やはり高知も水が少なく、大型は出ず。24センチ止まり。新しい印象はなし。

デカい奴を掛けたい！

そして4月某日PM5時、私に8フィート3番をイメージさせた例のXプール。まず、立ち位置まで流れを進む。水位は少し低いものの、やはり臍上まで深さがある。ライズはやはり二つある流れの筋の向こうでやっている。その距離約15メートル。実際の現場に立ってみると、長さで泣いた7フィートより絶対に8フィートが有利だと感じる。30センチのロッドの長さがキャスト、ライン操作、合わせのすべてを楽にしてくれることを改めて実感する。

暗くなる直前、やっと山女魚の捕食スイッチが入り、プールがライズの嵐になった。

その中からイメージするシチュエーションの奴を選び、ダウンクロスで投げた。

1メートル幅のループを作って、力強いしなやかなラインが延びていく。

狙いの筋、魚のライズ・スポット上1メートルに毛鉤をソフトに落とすと同時に、着水したラインを大きくすばやく上流側に一度メンディング。毛鉤が流れて、流れて……水面が割れた。

ロッドを合わせる。ロッドが撓《しな》る。

ラインが水中に刺さったまま延びていく。リールが叫ぶ。

ロッドを左に寝かせ、魚の走りを止める。魚が止まると同時に首を振って抵抗するのが右手に伝わってくる。デカい！

魚が手前の流れの筋に入り、さらにロッドが撓る。ロッドを起こす。魚が上流に動きながら奥の流れ筋に逃げ込む。撓りが緩み、リールを巻く。

ロッドを頭上高く差し上げ、ラインを張る。ロッドが再び撓る。

魚が右に急旋回、竿先も遅れず追随する。流れの筋を切ったこのタイミングを逃さず、ロッドを左に倒し、一気に寄せに入る。

掛けて2分後、ネットに収まったのは35センチ、オスの山女魚。と言いたいが、現実は28センチのオスだった。まあ、いい。やっとロッドが撓ってくれた。

魚の引きがバット・ガイド（バット側に付いた一番下のガイド）付近までちゃんと曲げてくれた。6：4調子のロッド・カーブが美しかった。

体高と幅のある盛期の体の張りをした28センチのオスの山女魚だった。

この時使用したのが、6Xのティペット。かなり強めにロッドを合わせたが、切れなかった。ロッドの強さに細いティペットでも対応できるしなやかさも必要。この8フィート・ロッドは7X（0・4号）の細さもOKだろう。

この後、25センチから28センチを4匹取った。ロッドにはまだまだ余裕があった。

翌日、グリップ上の気になった張りの部分を、ほんの少しサンドペーパーで削り絞った。

それで不満はほぼなくなった。

山女魚用、8フィート3番2ピース、98グラム。一応、これで合格。


テスト番外編。

6月26・27・28日。アメリカ、ヘンリーズフォーク川。

8フィート3番。山女魚用をあえて鱒川のヘンリーズフォークで、同行のレージに使わせてみて感想を聞いた。レージは釣りのちゃんとできる私のロッド作りの弟子。

レインボー鱒の30センチを取った。35センチを掛けた。40センチまでは余裕を残して取ったのだが、それ以上のサイズは掛けることができなかった、との報告があった。


今後は、30センチ以上の大物を掛けた時の感覚と他人が感じる客観性のある意見が欲しい。

9月から11月、北海道、山形、宮城、静岡と廻り、〝大物川〟でテストをしながら、地元の名人たちに試してもらう。

4月、一応出した合格はとりあえず人に見せられる、振ってみてもらえるという意味での合格。的確な意見、感想は迷わずその都度取り入れる。私の思い描くイメージを基本にプラス経験の中から進化させていく、というのがアキマル・ロッドのコンセプト。

何とか12月の展示会か来年2月のフィッシング・ショーでお披露目といきたいものだ。

その手前で一番怖い東氏の批評も聞いてみたい。

山女魚用、8フィート3番2ピース、98グラム。ホロービルト・バンブーロッド。

今の時点では、私の空想するXプールの35センチに匹敵するシチュエーションと大山女魚には出会っていない。完成までの旅は続く。

2008年、それぞれの旅

暑ーい!! タマリマセーン!!

36度の猛暑日、作業の骨休みに久しぶりにメールをチェックしたら、6月のアメリカ鱒釣り旅のメンバーからお礼の言葉や写真が届いていた。

今回のメンバーは私を含めて6人。それぞれが少しずつ違う目的とテーマを持っていた。まず、旅の感想を。

「……泣きたかったです」と言うのは野田ちゃんこと、野田和洋。39歳。

彼はハンドメイドのランディングネットを作るクラフトマン。彼の今旅の目的はアメリカの大鱒釣りと現地有名ショップに対する自分のネットの宣伝と販売。

野田ちゃんの今旅のエピソードと言えば、やはり私にも同じ場面が蘇る。

旅四日目の6月24日、アイダホ州の鱒釣りの名流ヘンリーズフォーク川のアイランドパーク・エリア。世界最高難易度の大型鱒釣りの好ポイント。

野田ちゃんが対岸（右岸）から20メートル沖目の瀬でレインボー鱒の良型を掛けた。そこは100メートルの川幅全体が早瀬のポイント。通常その場で魚を寄せて取り込むか、近くの岸辺、この場合は対岸に寄せて取り込むのが釣りの常識。だが私たちが気付いた時、彼は何を思ったのか、私たちの座っている左岸目指して進んで来ている。竹竿を撓らせた状態で早瀬を直角に横切って来るのだった。

「マズイなー」とメンバーの石ヤンと私。

数分後、左岸に辿り着いた野田ちゃんの足元のランディングネットの中には、案の定、50センチ・サイズのレインボー鱒が身体を横たえ、息も絶え絶えに喘いでいた。

そこで私があえて言葉にして注意を促した。

「野田ちゃん、あれは無茶だよ。皆に見せたい気持ちは分かるけれど、あれは駄目だよ」

鉤掛かりして弱っている魚に、さらに追い討ちをかけて早瀬を横切らせる取り込みは、無茶以外の何ものでもない。駆けつけたもう一人のメンバー・伊集院が言葉を重ねた。

「野田さんの行動を見ていたアメリカ人の釣り人が、親指を下にして明らかに非難していましたよ」と。

「ロッドが……流れの強いあの場所で魚を止めることはできたのですが……寄せられなかったものですから……」と言葉を濁す野田ちゃん。

ここヘンリーズフォークでは、釣った魚を速やかに生きた状態で放すC&Rが釣りのルール。この川のレインボー鱒は、魚の性格上、最後の最後まで力の限り抵抗する。早く取り込まないと、酸欠とショックで死んでしまうこともある。

パワーのある50センチ以上の大鱒を取り込み、生きたまま放す時、3分がリミット。必要以上の時間とプレッシャーを掛けるとダメージが大きく、放しても死んでしまう。リミット以内に取り込むためにはロッドに強さが必要。

以前、柔らかいバンブーロッドと細いティペットで時間をかけすぎる一人の日本人釣り人を見て、すべての日本人釣り人が同じだろうふうな非難の言葉をアメリカ人釣り人から聞いたことがあった。

私たちは日本人。異国アメリカの川で、釣りをさせてもらっていることを忘れてはいけないのだ。

弱った魚を水中で抱えて体力の回復を待つこと約2分、鱒が自力で泳ぎ去るのを見届けて、一応安堵。

自分の行為の愚かさを思い知り、バンクにへたり込んだ野田ちゃん。彼を気遣い、肩を叩き、その場を離れる私たち。

これが「泣きたかったです」の理由の一部始終。

そして、メールの最後に、

「釣り人としても、プロとしてパーフェクト・リリースを謳い文句にランディングネットを作る職人としても、魚の大切さを改めて考えさせられた出来事でした。また、3分以内の取り込みとリリースを可能にする道具の必要性も肝に銘じました。2年後、またヘンリーズフォークの流れに立ちたいと思います。その時は是非良い竹竿を1本宜しくお願いします」

と結んであった。

分かってくれたと思う。釣り人としても先輩職人としてもヤレヤレである。

将来のある若手がまた一人、ヘンリーズフォークに育ててもらった。


若手といえばもう一人、伊集院一智。彼は「竹竿塾」の第6期生。彼にとって今旅は「竹竿塾」の研修旅。釣りとロッド作りは経験がすべて。経験を生かし良いロッドを作るための研修旅なのだ。バリバリの薩摩っぽ、実直な46歳。初のアメリカ鱒釣り旅に、旅前から肩に力が入っていた。

旅のお礼から始まり、最後に、

「次回は大物を釣って皆さんに夕食を奢《おご》らせて頂きます」

という文章には思わず笑ってしまった。

やはり気にしていたのだ。

私たちの釣り旅では、50センチ・オーバーのトロフィー鱒を釣った人間が、その日の夕食をメンバー全員にご馳走するのが恒例となっている。

50センチ・オーバーの鱒を釣って皆に夕食をご馳走する幸せ。アメリカ旅でしか味わえない、釣り人にしか分からない幸せ。

今回、伊集院にも何度かチャンスはあったものの、50センチ超えは叶わなかったのだ。良いさ。私だってヘンリーズフォークでは3回目までトロフィー鱒は取れなかったのだから。師匠を差し置いて1回目から50センチ・オーバーを取っていたら、その方が悲劇だったかも知れない。

「バンブーロッド・ビルダーを目指している以上、次回は自分の作ったロッドでリベンジしたいです」との抱負もあった。

「お疲れでーす。不届き千万の安斎でーす」

今旅、その夕食を最初に皆にご馳走してくれた〝ケビン〟こと福島の安斎文夫さん。

彼は純然たる鱒釣りが旅参加の目的。狙いはひたすら50センチ・オーバーのトロフィー鱒。

彼からは特注竿の感想と旅のお礼と写真CDが届いていた。

今旅の間、メンバー全員に気を配り、和ませてくれたいつも余裕の楽しい友人である。

彼は今回が3回目のヘンリーズフォーク。50センチ超えはその10年来の大願望。

旅三日目午前中、彼が私たちの前で大鱒を掛け、サポートした私がネットで掬った。

メスの見事なレインボー鱒。待望の50センチを一挙に4センチもオーバーした。

彼のロッドは、この旅用に私が彼のために作った7フィート9インチ4番ライン、2ピースの〝安斎スペシャル〟。

私が使うアキマル・ロッド7フィート9インチ4番の「鱒王」より、強い調子の一本物の特注竿。

勿論、ホロービルト・ロッド（中空構造竿）。

目の前でひん曲がる初下ろしの〝安斎スペシャル〟。そのロッド・カーブを納得と不安と願望と安堵で注視したことが蘇る。

「〝安斎スペシャル〟は以前のソリッド・ロッドの7フィート9インチ4番と較べたら、大型トラックとレクサスほど違う軽快さです」

以前、安斎さんが使っていたアキマルのソリッド・ロッドが118グラム、強いが重い。

今回の〝安斎スペシャル〟が101グラム、軽くて強い。同じ7フィート9インチの長さで17グラムの重さの違いは、使いやすさが全然違う。54センチのトロフィー・レインボー鱒を安斎さんの取り込みテクニックの元、2分半でランディングネットに収めた。

「強くて重たいバンブーロッドほど、ホロー（中空）の恩恵があることをヘンリーズフォークで認識しましたね。ソリッド・ロッドと比較して、大物を掛けた時の安心感が格段にアップしました。大きく走られた時のロッドに伝わるゴツゴツという感じ、竹が極限まで曲がり硬くなる感じが激減しました」

安斎さんは本当に釣りが好きな人で、年間70日以上釣りに出掛ける。努力の積み重ねで数十億円を売り上げる会社を作った苦労人。乗っている車が確かレクサス。日々勉強の人、譬《たと》えも面白い。ロッドの批評も、釣りが上手いが故にプロの私も真っ青の分析をしてくるから、彼のオーダー竿には気合が入る。

〝安斎スペシャル〟は、50センチ・オーバーをどうしても今旅で取らせたいという私の強い思いから、アクションを強くさせてくれと提案した。それを彼は「お任せします」と快く受けてくれた。この作り手と頼み手の信頼関係が、54センチの大鱒を楽に取り込む結果となった。

「正義は勝ーッ!!」

と安斎さんが叫び、最高の笑顔でがっちりと交わした握手。

釣り人の幸せ、竿屋の絶頂、すべてが報われたと思えた。

旅最後の夕食で私が53センチ鱒で皆にご馳走、そして安斎さん初の54センチ・トロフィーを掬った私のランディングネットを彼の50歳の誕生祝いとしてプレゼントした。

ロッドの成果や釣果を喜んでいたのは、私や安斎さんばかりではない。良型を掛けまくり、夕食を奢ったメンバーがもう一人。「竹竿塾」第4期卒業生、石ヤンこと石関雅樹。43歳。元バス・フィッシングのプロ。バスの世界で叶わなかったチャンピオンの夢を、竹竿世界にめざす、繊細さの中にしたたかさを持った「竹竿塾」のホープ。

「6月のアメリカ釣り旅、有難うございました。非常に楽しくかつ勉強になった旅でした」

今回が2回目のアメリカ旅の石ヤン。1回目は、感動と驚きと戸惑いからヘンリーズフォークでは1匹も取れず。今回の彼のテーマはヘンリーズフォークで50センチ・オーバーを取ることと新作鱒用ロッドのテスト。

結果、ボート釣りで、予備竿のグラファイトロッドを使い50センチ・オーバーを取り夕食を奢れたものの、自作バンブーロッドではバラシまくって50センチ超えは今回もお預け。

鉤掛かりが浅いことで鉤が外れ、ティペットが切れて魚がバレル。

私にはその修整ポイントと修整値が見えるのだが……。

「ティップなのか、バットなのか、両方なのか？　大事なのは自分のオリジナリティ。自分の色＝〝石関ワールド〟を醸し出すロッドに仕上げなくては。

一つの仮説のもと、やることが決まりました。ティップ・セクションの見直しです。次回までに新作を完成させ、そのロッドを引っ提げて、我が愛すべきアイランド・パークに立ちたいと思っています」

現在会社員の彼が、費用と時間をかけて自作のバンブーロッドを作り、アメリカに行くのは日々の大変な努力が必要である。その向こうに目指すものと未来の人生がくっきりと見えている。世界最高難度の釣りテクニックを要求されるヘンリーズフォークに挑戦し続けることが、優れたロッドに繋がるサクセス・ロードだ、と確信を持ったのだろう。

〝敗戦〟から石ヤンが掴んだ未来の勝利の要因。また一人、〝ヘンリーズフォーク狂〟が生まれた。


最後のメンバーが、最年少のレージこと青木礼司。

「竹竿塾」第6期生、竹竿作りの勉強を始めて6カ月の彼にも旅の感想を聞いた。

彼は大学の4年間をアメリカ東部で過ごしたバスケット・マン。今旅の私の英語のアシスタント兼コーディネーター。大学時代は釣りはやっておらず、今回が初めてのアメリカでの鱒釣り。

「アメリカ旅は『竹竿塾』の授業の一貫でもあるし、話のネタで行っとくか」というのが彼の旅前の意識。その上で旅が始まり、皆に夕食を奢れるサイズを取り、涙が出るほどの完敗と屈辱を味わわされ旅を終えた。にもかかわらず、彼の口から出た言葉はトロフィー鱒の喜びや完敗した悔しさではなく、もっと別の感情だった。

「釣れなかったことよりも、先生（私のこと）と石関先輩が羨ましくて、悔しかったです。焦りました。竹竿を試作してヘンリーズフォークで実釣を兼ねテストするお二人。それを見ていて、僕にはまだ竹竿を作る技術がない。竹竿が作れない自分が惨めで、悔しかったです」

物理的には横にいるのに埋められない隔たり、自分とは全く違うものを見、感じているのだろうと思え、悔しくて焦った、と言うのだった。

泣きたかった、奢りたかった、最高でした、再チャレンジする、と各メンバーが本音を語り、最年少の若手が悔しかったと言う。

旅はこれが良い。それぞれの人生を見せて面白い。

この悔しさをバネにできるか、できないか。

この機会をチャンスと思えるか……若者がどう動くか楽しみである。

私の今回の旅の目的、と言うより正確には、12回続けている仲間たちとのアメリカ旅の目的と希望は、ヘンリーズフォークをできる限り多くの友人や次代の若者たちに紹介し、本物のフライフィッシングを実体験してもらうこと、そこから川の大切さ、鱒の棲める環境の大切さ、そして今回の旅メンバーのように人生の素晴らしさの幾つかを味わってもらうこと、知ってもらうことなど、それが来年60歳を迎える人間の役割だと今は考えている。

私がヘンリーズフォークで最初に釣ったのが、奇しくもレージと同じ37歳。1986年の7月、師の故芦澤一洋さんの釣り旅に参加した。その時の私の竹竿作り知識は今のレージ以下のド素人だった。

芦澤さんの自由で楽しい釣りと生き方が、やはり私も羨ましいと思った。と同時に、ヘンリーズフォークにあるスピリチュアルな〝何か〟に囚われて、拘り続け22年が経った。

この22年のヘンリーズフォーク巡礼旅でアキマル・ロッドは確実に鍛えられ、進化していった。また、その過程での多くの人との出会いが人生を彩ってくれた。

レージよ、若者たちよ、大いに羨ましがれ！　本気で悔しがれ！　焦ろ！

そして先輩、先達《せんだつ》を超えろ！　でも、俺は超えないでね。

ヘンリーズフォークには釣りの魅力のすべてがある。スピリチュアルな〝何か〟、希望の未来を予感させる〝何か〟がある。幸せになりたければヘンリーズフォークに行きなさい。

ロッドも、人生の何かも、見えるはずである。
旅の最後の三日間、私は今まで誰にも使わせたことのない愛竿をレージに使わせた。

今年のヘンリーズフォークは、確かに釣果は出せたが、水量も、水生昆虫の流下の量も、水中の梅花藻など水草の量も、私の22年で知る限り一番少なかった。アメリカの有名な釣り雑誌でも、川の状況が悪くなっているヘンリーズフォークが特集されている。もし本当にヘンリーズフォークが日本の河川のように痩せ衰えていくとすれば、それは人間として耐えがたい。

私は今旅でお世話になった現地の人たちへの礼状の中で、ヘンリーズフォーク再生と保護のための協力で、日本人の私に何ができるかと投げ掛けてみた。

幸福の旅を終えて約1カ月。
汗のべたつく作業場で、アイダホの乾いた風の心地良さを思い出し、エアコンのスイッチを「強」にした。
アー、これも人生。

追記

ヘンリーズフォークの再生と保護について、日本人の私に何かできることは？という投げかけに、現地保護団体H・F・F（ヘンリーズフォーク・ファンデーション）の創設時からの主要メンバーで、ヘンリーズフォークにおけるC＆Rのルール施行の中心となった釣り人、友人のブラッド・スミス、マイク・ローソン、レネ・ハロップとリッチー・ペイニー各氏から返信があった。

その中に、ヘンリーズフォークで釣りをする日本の釣り人に対するお願いが幾つか記されていた。

①7X（0・4号）以下のティペットは使わないでほしい。6X（0・6号）以上の太いティペットで素早く釣って、すぐリリースして下さい。

②もし釣った魚の写真を撮る場合、魚を水から出さないで素早く撮ってリリースして下さい。

③H・F・Fのメンバーになってもらって、H・F・Fの活動を資金面からサポートして下さい。

入会希望の方は下記へアクセスして下さい、など。

H・F・Fホームページ・アドレス　www.henrysfork.org

H・F・Fオフィス住所　p.o.box 550 Ashton,ID 83420,U.S.A
電話及びFAX番号　TEL208（652）3567
FAX208（652）3568

これらのお願いが現実にあったことを、この場を借りて日本人の釣り人に伝えることが、まず私の役目であると思う。

2008年7月19日

祈りを込めて

2年振りのアメリカ釣り旅に備え、体力をつけるために久しぶりのウォーキング。5㎞、50分のコース。

思っていた以上に体力が落ちている。足が前に出ない。体が上下に動くばかり。膝に力が入らない。ちっとも前に進まないのだ。

15分で生汗が滲み出す。30分で心臓が鳴り出した。去年まではこんなことはなかった。

歳をとるということは情けないものだ……などと言ってる場合か!!

歩け!! 歩け!!

4日程したら体が慣れてきた……と思っていたら、雨を理由に歩きを中断してしまう情けないオッサンが、濡れた庭を見ながら一人感傷にふけっていた。

2006年9月10日、AM7時57分。

長袖のシャツにスウェットのトレーナーを重ね、時計を確認、ドアを開けると霧のような雨が降っていた。庭の木も道路もまだそんなに濡れていないところを見ると降り出したばかり、構わず歩き始める。

「オハヨーゴザイマース！」

「オハヨー！」

自転車の女子学生が挨拶をしながら横を通り過ぎていく。

農家の並びを過ぎ、天理教の角のお地蔵さんに手を合わせる。

巨瀬川《こせがわ》の橋を渡り、川右岸の河川管理道路を上流に向かう。ここまで8分、まだ汗は出て来ない。

100メートル程進むと、左の畑に夏蜜柑が重そうな実を鈴なりに下げている。

ススキが緑の丈を我が物顔に伸ばし、雨で日差しが弱いせいか薄い長い影を道路に映している。

この辺りからだ。

「……？　……居ないかー？」

「……居た、居た」

そのススキの長く伸びた影の端に1匹居た。

「ヨシヨシ。ハイ、ゴクローさん」

また居た。

「ハイ。じゃーね……」

また居た。雨が少し降ったせいか今日は多い。

「じゃあこっちねー」

……5……8……12……15。

川筋ウォーキングの楽しみが、足元の彼ら。

体長5ミリから10ミリ、体色はくすんだコンクリート・カラーまたは白。白はすぐ分かるが、道路と同化したコンクリート・カラーの5ミリの奴は、よーく見ないと石ころにしか見えない。

道路左の田んぼの畦道から這い出て、幅2メートル程のコンクリートの道を横切り、右の川側の草叢を目指している。おそらく水分と日陰を目指しているのだと思う。

時速1メートル80センチ。ほぼ1時間かけて道路を渡る計算になる。それ以上コンクリートの上にいれば干からびてしまうだろう。命懸けの行進。その健気な姿が愛らしい。

雨で道路が濡れていると彼らが喜んでいるように見えるのは、私の単なる思い込み⁉ 晴れた日と雨の日では、道路に顔を出している彼らの数が明らかに違うからだ。

「ハイハイ……頑張ってねー」

ウォーキング折り返しポイントのポンプ小屋が見えてきた

雨が止み、雲間から9月のまぶしい朝日が顔を出した。

ビッビー!!

軽トラが後ろからやって来た。

「ヤッベー!!」

近くに居た2匹を急いで拾い上げ、軽トラをやり過ごす……が、5メートル先で小さな黒いシルエットが踏み潰された。

「ヤラレタ!!」

ここは河川管理専用道路とはいえ、人も車も自由に通ることができるのだ。

道路には踏み潰されたばかりの彼らの屍骸が何匹か見える。

先程拾った彼らが掌でコロコロと転がる。その2匹を右の草叢に運んでやる。彼らが踏み潰されないよう無事に目的地の草叢に運んでやるのが私の楽しみ。

片道2・5キロのウォーキング、行きの片道で大半を見つけてしまうため、帰りのコースではほとんど彼らに出合うことはないが、たまに見落としもあるのでそれを探すのがまた楽しい。期待して目線を落とし、鶏のようにキョロキョロと歩くことになる。

彼らを無事草叢に運んでやる数が多ければ多いほど良いことが起きると信じて。彼らの恩返しを期待して、1匹、1匹に、願いを込めて運んでやる。

掌から彼らが転がり出る時、祈るのだ。

なんとか彼女を元気にしてやって下さい……と。

約1カ月前、突然病に倒れたカミさんの親友の回復を小さな彼らに祈るのだ。

残り道が少なくなった

草の影がはっきり短くなった。

今日はもう居ないか……？

……居た、居た。

草叢に最後の彼、28匹目の〝カタツムリ〟を置いてやる。

しばらく見つめているが、貝の中から角は出てこない。まあ、いいか。

立ち上がると、川面にハヤの波紋が小さく広がった。

天空のランチ

大崩山《おおくえ》登山道を過ぎた最後の橋上に車を止め、トランクを開けると、何故か仕事の匂いがした。

前日の夕方は雨。

釣りはせず、シズル感いっぱいの濡れる大岩を暗くなるまで写真家と楽しんだ。簡素な宿も麓、延岡で取れた。

「旨いねー」

飛び込みの小料理屋で出た本物の関アジ。こんな思いがけぬ幸せが旅の楽しさ、案の定、翌朝は空が青く抜けていた。

宮崎県県北の名流、祝子川《ほうりがわ》。

大崩山の深い森で生まれた清水が大岩の渓を抜け、日向灘に流れ込む九州独特の山岳山女魚川。

遡る川ではない、ひたすら昇る川。その名の通り神の子誕生を祝った巨岩渓。へたをすると怪我をする。知人は転落し足の骨を折った。私も10年程前肋骨を折った。50も過ぎ体力も大幅に落ちた、度胸も欲も……少なくなったなー。実感！　……にもかかわらず来てしまう。何かが私の中の小さな野生と共鳴する。


釣りの道具を道路に広げる。シートの上で下着一つになると、若葉の涼しい風が股の間を抜けていく。

この渓にウェーダー（釣り用長靴）は似合わない。撥水パンツにキャンバス・ウェーディングシューズ（フェルト底の釣り用靴）が私のスタイル。

赤い靴紐を絞る。額に汗。もう完全に釣りモードだが、ブラッド・ピット（フライフィッシング映画の主人公を演じた）にはなれそうにない。せめて親父役に……。

靴中で足指がその収まり具合を確かめている。

骨が軋む。

にぎり飯と水と一握りの飴をベストに詰める。雨具は要らない。3ピースを入れた竿袋とこなれた皮手袋を左手に持ち、トランクを閉める。

森へ繋がる入り口にまだ夏草の茂りはなかった。

15分も歩くと、獣道は消え勾配がきつくなる。蜘蛛の巣を振り払う。足元は黒くぬかるんでいる。積み重なった落ち葉と団栗の深い色とコントラストをなす蛍光色の岩苔が鮮やかだ。雌竹の茂み、椿の厚い葉肉、欅、楓、もみじ、楢、クヌギ、樫等々、家の庭に植えられたらカミさんが泣いて喜ぶ天然木が青葉を厚くして重なっている。棘の小灌木と蔓と倒木が行く手を遮る。

風はない。蒸せる森。

早くも流れる汗、息が切れた。クッソー!! 怠惰な日常を恨んだ。しかし、この非日常の森の空気は美味かった。

〝ゆっくり行こうぜ〟

森を歩くと目覚める10年昔の私を、55の私が諭す。

さらに10分、森を掻き分けて進むと、木立ちの隙間から太い水音が聞こえ、日に照らされた眩しい岩肌が見える。森を抜け出すと世界が急変した。巨岩群が被さるように連なっている。大小のプールが小滝と段差で繋がる典型の山岳渓。

水は滑らかに透き通り、力強く朝の光に輝いている。やはり神の渓だ。

私は森と岩と水の神に手を合わせ、竹竿を繋いだ。

この渓の釣りで重要なのはアプローチ。音を立てず、身を隠し、遠目から……これが原則。セオリー通りのポイントを隈なく流す……が、反応はない。私のラッキー・バード山翡翠《やませみ》は飛んでいくのだが、前日の雨の増水はやはり魚に警戒心を与えているのか？

股下まで流れに浸かると、その冷たさに眼が覚める。冷たいが、これが堪らない。

一旦ラインを巻き取り、大ナメの床を止まらずに駆け上がる。止まればフェルト底でもずり落ちる。遠めから一応攻めるが、やはり反応はない。

再び上を目指し大岩の頂点へ。次の岩まで1メートル50センチ、黒い空間がポッカリと口を開けている。

引け気味の腰を騙しながら覗き込むと……5メートル程下で激しい水音。

カミさんと子どもの顔が……。

ルートを探すが、どこにもない。意を決し、助走をつけてジャーンプ!!

スローモーションで飛んでいく。

釣り具の負荷と体力の落ちと恐怖が混ざり合って、これが限界の距離。何とか両腕まで加え丸岩に抱きつく。汗が流れる。バランスを取りながら岩上に立つ。膝が笑っている。顔も何故か笑っている、いや引きつっていた。

釣りというよりクライミング。だが、この先にしか釣りはない。

次は高巻き。滑る斜面にしがみつき、苔と茸の倒木を越え、蜘蛛とブヨを振り払い、樅の木枝を頼りに再び渓へ。

今度は滑り台。尻と足裏と両手を使い岩肌を滑り、水の中へ。これは得意。

腰まで浸かり沈み、石を確かめながら這い上がる。

登る、しがみつく、滑る、飛ぶ、また走る。

釣りはほとんどできなかった。2時間もすると、滴る汗も、濡れて張り付く下着も、汚れも擦り傷も破れも、魚までも、どうでもよくなった。

ヘロヘロで、とにかく一旦小休止。

ジンクリアーの水で浴びるように顔を洗う。冷水が音を立て、喉を通っていく。

バンダナで首筋を拭って天を見上げると、白い雲が朝よりも確実に近くなり、足早に動いていた。

何とか気分が一新、さらに2回のロッククライミングと高巻き、決死のジャンプ3回で、ようやく5メートル大の絶好のプールが見えた。

岩陰に体を隠しそっと覗き込む。

流れの芯は右、左がフラットな鏡、その左端、大岩の作る陰の水中に……黒い影……サイズは……いいぞ！ 26か27センチ。

1投目が明暗を分けるはず。

フライは得意のCDCカディス14番（鳥の羽を使い、トビケラを模した10ミリ大の浮く毛鉤）。6Xティペットを確かめ、岩にへばりついた状態で……距離を測り……ここまでの苦労のすべてをラインに乗せて……ここだけは〝ブラピ〟になってベスト・シュート（投射）!!

フライが流れ……黒い影がゆっくり浮上してきて……ヨシッ!! ……一発で水面が暴れ、7フィート4インチの3ピースが……苦もなく……少し暴れて……魚を……なんとか引き寄せた。

ネットに収まったのは、白い魚体に9個のパーマーク（卵形の山女魚独特の幼魚班）、尾鰭の朱色が艶めかしい待望のオス山女魚だった。

午後1時半、5匹目の山女魚で一息。いつもの4畳半程大のフラットな大岩の上に。

濡れた衣類を脱ぎ捨て、トランクス一つで日の当たる岩上に胡坐で坐り込む。

高度1400メートル、目当ての天空のランチ。

岩下の滝から虹が立ち昇っている。

対岸森の奥に角ばった頂が見え、遙か彼方、山の稜線が眼下にぼやけ拡がっている。
黒い森に雪のように白い山帽子《やまぼうし》の花。
吹き降ろしの風が森の匂いを運んでいく。
足はパンパンだが体は軽い。都会の灰汁《あく》が大汗とともに流れたことが自覚できる。
にぎり飯とタクアンが美味い！
生きている。そのことを心底幸せだと感じる。
「……でもいいじゃない、釣りに行こうと思えばいつでも行けるのだから……」
病に倒れ釣りに行けなくなった恩師の無念の言葉が心を過《よ》ぎる。
自分もいずれ死ぬ。どうせ死ぬのなら、今ここに見える青空の天に昇りたい。
……なーんちゃって！。
にぎり飯の横を黒い蟻が歩いていく。
フライはアント!?
午後はもっと良い型が出そうな気がした。

生涯現役竹竿屋

2005年12月、「竹竿塾」第4期生2名の募集を開始した。

「竹竿塾」はアキマルが主催するプロのバンブーロッド・ビルダー養成塾。既に1期生2人は頑張った甲斐あって無事に卒業、現在就学しているのは2期生が一人、3期生が3人の計4人。

熊本から通っている2期生のT君は2年目の終わり、このまま順調にいけば来春には卒業予定の目処が立っている。彼が32歳、そして卒業生二人が32歳と37歳、これから数年後に新しい仕事を始めるには問題なくいい歳だった。

面白いのが3期生の3人。

彼らの年齢が全員40歳を超えているのだ。

群馬からのZ君40歳、埼玉からのI君45歳、そして地元福岡からのN君が46歳。一応入塾資格を「28歳以上で仕事を持っている男女」とし、年齢上限は引いてはいないのだが、なんでまた40代が揃ったのか？　何でも面白がる私も流石に少し構えた。

40歳と言えば会社にいれば中間管理職、若い人たちを使う立場の年齢、人生経験抱負、少し薹《とう》が立っているくらい。それが新たな創意工夫を要求される「竹竿塾」では邪魔になるのではと考え、私からは若い1期、2期生の時のようには積極的には誘わなかった、しかし聞けば、3人の希望理由が面白かった。

群馬のZ君は会社員。一度もチャンピオンになれなかった元バス・フィッシングのプロ。釣り世界が忘れられず、今度は竿作りの世界でチャンプを狙いたいとのこと。

埼玉のI君は二人目の女の子が生まれたばかり、今の職業は印刷物の原稿作りのオペレーター、自営。この仕事はいずれ難しくなるという予想、生まれた子が20歳になるまでは現役で頑張りたいから、というのが希望。

46歳のN君は消防士。出世の希望はなく、釣りが好きで、退職後は好きな竿作りと年金で食っていきたいとのこと。

私がアメリカまで竿作りを習いに行ったのが37歳。グラファイトロッドではチャンプは狙えないと感じ、生まれたばかりの年子二人のために、どうしてもやらねばならない、それも好きなフライフィッシングの世界で。

だから私には3人の思いがよく理解できた。

「年取っているだけ厳しいよ！」

そう厳命し授業が始まったが、歳はもしかしてロッド作りには関係ないのかも……？　1年が過ぎようとしている今、彼らの成果は大人の真面目さで順調に上がっている。

情熱があれば物事は叶う。諦めないで求め続ければ物作りは叶う。そのことを塾の生徒たちにも証明してほしいと思う。プロフェッショナル・バンブーロッド・ビルダーになって世の釣り人を喜ばせてほしいと願っている。

今までの塾生6人の出身地が、福岡、熊本、佐賀、東京、群馬、埼玉で、今後はこの地域以外の四国、関西、中部、東北、北海道などからの入塾生を待っている。

航空チケットが安くなった現在、関東3人の生徒の出席状況を見た時、同じように北海道、東北からでも通えると思う。特に魚が大きくて数の多いこの二つの地域で鍛えられれば、きっと良い竿、良いビルダーが育つと思えるからだ。

その上、その地域の生徒ができれば、私も大手を振って釣りに行けるのだから。

先日、北カリフォルニアを旅し、あのMR《ミスター》メル・クリーガー（フライフィッシング世界のスーパースター）と釣りをした。

驚いた。彼は確か齢《よわい》70代後半のはず。普通70代後半と言えば、もう完全にリタイアしていて当然。しかし、私の目の前には、ガールフレンドの肩を抱いた60代にしか見えない現役バリバリの釣り人が幸せそうに笑っていた。彼は、釣りも仕事も人生もまだ現役で楽しんでいるのだ。

「65歳で君が引退⁉　馬鹿なことを言うなよ。クリエイティブな仕事をしている君が65歳で引退⁉　クレージー！　じゃあ、その後はどうやって過ごすの。物を創って生きてきた人間が、肝心な物創りをやめて生きていけると思っているのかい？」と笑う。

その笑いの向こうには〝良いも悪いも君は若いよ……〟と言っているように私には感じられ、恥ずかしくなった。時々、65歳でほぼリタイアを仄《ほの》めかしていた56歳の自分が恥ずかしくなった。

メル・クリーガーがさらに言う。

「今やっているキャスティングのグリップはね……」

80歳を迎えようとしてなおメインの仕事であるキャスティングのことを試行錯誤し、より良いキャスティングを探求している。

「竹竿が見えた」などと少しばかり思っていた自分が恥ずかしくなった。

その、世界のメル・クリーガーが私のロッドや仕事をお世辞でなく褒めてくれた。

同時に、この時会えたアメリカの名バンブーロッド・ビルダー、ジム・リームスからの情報で、新機軸のバンブーロッド、中空構造のホロービルト・バンブーロッドに今後のバンブーロッドの在り方を確信、職人として、どうしてもその製作に挑戦したくなった。

今まで20年近く作り続けてきたソリッド構造のバンブーロッドを遥かに凌ぐ、未来のバンブーロッドの形がホロービルト・バンブーロッドにはあると確信した。

バンブーロッド・ビルダーとして確かめなければ気がすまない、未来型バンブーロッド＝ホロービルト・バンブーロッドの本質、そのことをどうしても確かめたいと思った。

改めて自分はバンブーロッドが好きだと思った。

ずっとバンブーロッドを作り続けて生きたいと思った。

誰かのために、そして自分自身のために。


40歳代の塾生、56歳の教師、まだまだひよっこ、私はこの場で生涯現役を宣言する。好きな仕事で生涯現役、プロフェッショナル・バンブーロッド・ビルダー。改めて素敵な仕事である。

と、3年前に雑誌で宣言したが……。

２００８年、今年59歳になった。

年明けから急に目が悪くなった。老眼だ。眼鏡を老眼鏡と遠近両用と二つも作った。作業はほとんど老眼鏡無しではやれなくなった。

胃がおかしくなった。胃カメラを二度も呑んで調べた。癌ではなかったので一安心だったが、年齢から来る逆流性食道炎だった。同時に肝臓が少し腫れているとのことで、薬を毎日飲まなければいけなくなった。

物忘れがひどくなった。作業をして右から左に行く間に、何をしに来たのか忘れてしまい、元の位置に戻って、しばし考えることが時にある。

体力が異常に落ちた。前は数日歩けば川歩きには心配なかったが、体力をつけようとトレーニングで歩いたら、そこで疲れてしまう。

作業の持続力がなくなった。一日の作業時間は、数年前までは途中休みを入れたら9時間位平気でやれた。今は、昼飯が入ったら午後はもう駄目、がくんと作業効率が落ちてしまう。

朝早く目が覚めるようになった。その分早くから仕事を始められるのが唯一の救いか⁉

バンブーロッドは経験の分、進化してますます良くなっているのだが……。

生涯現役？

メル・クリーガーの80まではとても無理か？

以前公言していた65歳引退説の方が私には近いのかも⁉

出るのは溜め息と欠伸《あくび》ばかり。
まあいい。人生何とかなるさ。

追記　2008年10月、メル・クリーガー氏急逝。享年80歳。
ホームのライジング・リバーで一緒に釣った時の彼の表情がありありと浮かぶ。
できるならばもう一度……。
心からご冥福をお祈りします。

21世紀バンブーロッド

先日、8フィート3番の山女魚用バンブーロッドが出来上がった。

バンブーロッドを作り始めたのが約20年前。

今まであまり8フィート台の長さのロッドは作ったことがなかった。ニュージーランド、スペイン、そしてアメリカで使うための鱒用竿5本だけ。作らなかったのは、ロッドが長くなると重いから（NZ用8フィート5番ロッドは128グラムもあった）。もっぱら主体は山女魚用の7フィート台の長さのロッド。

作り始めの頃の7フィート4番の2ピースロッドは94グラム。3年前に作った7フィート4番の2ピースロッドが83グラム。

約15年の間に無駄な肉が削ぎ落とされ、アクション・テーパーが整理され、軽くてシャープに変化していった。83グラムはおそらく、私の考えるシャープなロッド・アクションのソリッド・バンブーロッドで表現できる限界の軽さであろうと思っていた（竿本体を細くすればさらに軽くはなるだろうが、柔らかくなりすぎて私の思うロッド・アクションは出せない）。

しかし、今年作った7フィート4番の2ピース・ロッドは78グラム。極限まで絞ったと思っていた83グラムが、さらに5グラムも減った。

バンブーロッドにおけるロッド重量は、使い勝手という点での大きなファクターである。特に8フィート以上の長竿になると、その重要性はさらに増してくる。

今回私が作った8フィート・ロッドは、低番手の3番とはいえ、誰もが驚くほどの軽さで仕上がった。


2001年9月、アメリカアイダホ州ヘンリーズフォークのバンブーロッド・コレクター、ネルソン吉村氏に自慢のコレクションを見せてもらった。

その中の1本、印象に残っているロッドを思い出す。

そのロッドを持った時、7フィート4インチか7フィート6インチの長さの4番だと直感した。それほど軽く感じるロッドだった。ところがロッドの実長は8フィート3インチ、4番の2ピース・ロッドだった。

確かに8フィート3インチ、間違いなくその長さあるのだが、異常に軽い。

また、8フィートを超えるとロッドはその長さからシャープさがなくなり、ベターンとした柔らかい調子になるのが普通なのだが、それがない。ラインこそ乗せてみることはできなかったが、私好みの軽くてシャープな素晴らしいアクションのロッドだった。

「これがあのペア・ブランディンが作ったホロービルト・ロッドだよ」とネルソンさんが自慢げに笑った。

ペア・ブランディンとは、ホロービルト・ロッドで有名になったカリフォルニアのトップ・バンブーロッド・ビルダー。

この時が本物のホロービルト・ロッドを見た最初だった。

2005年10月、ライターの東智憲君とのカリフォルニアの取材旅。

その時の取材相手が、バンブーロッド・ビルダーのジム・リームス氏。

取材初日、お互いのロッドを実際のフィールドで使ってみた。

ジムのその日のロッドは、すべてが地元の川で使う8フィート以上の長めの鱒用ロッド。ラインを通し振ってみる。私のロッドと較べるとかなり柔らかいスローな調子。全体が均等のカーブで曲がるパラボリック・アクション。柔らかい、しかし実に軽い。

ネルソン吉村氏が見せてくれたペアのロッドを振った時の感触を、右手が思い出していた。

「いいねー」と私。

ジムが私のロッドを振ってみる。

「エクセレント」と笑いながら片目を瞑った。

キャストを終えると、ジムが私のロッドをプロのバンブーロッド・ビルダーの目で仔細に観察し始めた。そして言った。

「アキ、リクエストがあるんだが聞いてくれるかい？　是非、竹の曲げ取りをやってみせてほしいんだ」

ほー、ジムは分かってるな。

私は嬉しくなった。

「勿論、ＯＫだよ」と私は答えた。

翌日、彼の工房で、彼の道具で、私のスタイルで曲げ取りをやって見せた。

自分のやり方との共通点と異なる利点に納得したジムが言った。

「有難う。勉強になったよ。お返しに私のホロー・マシン（中空構造ロッドを作るための機械）のすべてを見せよう」と。

私は耳を疑った。ホロー・マシンを見せるということは、ロッドの秘密をすべて教えるということ。私が見せた竹材の曲げ取りを見せるのとは大きく意味が違う。同業の私が簡単に受けられる申し出ではない。私は断った。

しかし、「子供はロッド・ビルディングをやることはないし、お前さんならすべてを見せてもいい。ホロービルト・ロッドに興味があるんだろう。遠慮は要らない。写真もＯＫ。何でも聞いてくれ。ただし！　誰にも言うなよ」と笑いながらジムが言った。

職人にしか分かり得ない独特の感情交流。

「有難う。じゃあ、しっかり見せていただくよ」

私は写真を撮りまくり、大事なポイントを思いつくままに質問し、メモした。

２００５年11月、カリフォルニアから帰った後、東君所有のジム作７フィート８インチ（約２３４センチ）３番のホロービルト・バンブーロッドを振らせてもらった。

これが凄かった。

カリフォルニアで振らせてもらったジムのロッドはちょっとスロー気味で、正直、私の好みではなかった（ジム、御免）。しかしこの７フィート８インチ・ロッドには、シャープさと軽さとバンブーの独特のしなやかさがあり、バイブレーションが消えたことによるラインの延びなど、私の職人魂に火をつけるホロービルト・バンブーロッドの真髄があった。

このロッドで私のホロービルト・ロッド製作の意思が固まった。

そして６カ月後、ジムのマシンをベースに私はオリジナル・マシンを完成させ、３年後の現在、ホロービルト・バンブーロッドをアキマル・ロッドの中心メニューとして製作・販売している。

ホロービルト・ロッドについてもう少し詳しく話をしよう。

一般的に言うフライフィッシング用バンブーロッドとは、ブランク全体に竹肉が詰まったソリッド・ロッドのこと。

ホロービルト・ロッド（中空構造の竿）というのは、ブランク全体の内側竹肉を削り取り、パイプ構造にしたロッド。ソリッド・ロッドと比べ、ロッド・ウェイトが10％から15％軽くなる。

内側の竹肉を削り取ることにより、ブランクが正六角形のパイプ状になる。そのロッドを振ると、ブランクが曲がり、正六角形が扁平横広の六角形になり、それが元の正六角形に復元される時に大きな反発力が生まれ、これがホロービルト・ロッドのアクションとなる。

また、内側竹肉を削り取ることでティップが軽くなり、ソリッド・ロッドにありがちなバイブレーションが消え、キャスティングが楽になり、ライン飛距離が延びると同時にフライのプレゼンテーションがソフトになる。

こうして、ロッドとしての機能が間違いなく上がるのがホロービルト・ロッドなのである。

次にホロービルト・ロッドの製作方法、これには大きく二通りある。

ブランク全体から内側竹肉を通しで抜く全抜きのフルホローテッド・システムと、ブランク全体を通しで抜くのではなく、一部を残しながら抜く半抜きのセミホローテッド・システム。

まず、全抜きの一番シンプルなシステムは、ブランク外壁を数ミリ厚で残し、ブランク全長の内側竹肉を六角の棒状に削り取り、抜いてしまう方法。これは接着面積が狭くなる。

次も、全抜きのシステム。この方法はアメリカのバンブーロッド・メーカーで既に採用されているシステムで、内側竹肉を梅の花形の棒状に全抜きする方法。これで最初に紹介したシステムのロッドより接着面積が広くなり、ブランクの強度が増す。

そして最後、ジムが教えてくれた内側竹肉の一部を残すダム式構造の半抜きセミホローテッド・システム。ブランク外壁を定めた厚さで残し、ブランクの長さ全部の竹肉を通しで削り抜くのではなく、数ミリのダム（壁＝外壁に対し直角方向に竹肉を残す）を残し、数センチ間隔で削り取る。従ってそのダムの箇所は、六角形のソリッドで接着されるため、強度面での心配が完全になくなる。

ここまで言えばお分かりになるだろう。ジムのシステムでできるブランクは、天然の竹と構造が同じなのだ。外壁が作るパイプ状のブランク本体が竹の幹。残されたダムが竹幹内側の節。

自然の竹は、パイプ状の幹と節の組み合わせが、強風でたわんでも折れない、強くしなやかなバネを生んでいる。まさに天然の竹をそのままスケール・ダウンしたバンブーロッド。これが、ジムが教えてくれたホロービルト・バンブーロッドである。

ここで、私が使っている竹素材について少し書いておこう。

1987年から始めたバンブーロッド製作。最初から使っているのは、私のバンブーロッドの先生、アメリカ人のユージーン三田《みつだ》氏からベスト材と教えられた中国産トンキン竹。これは世界中のロッド・ビルダーが認めるバンブーロッドに最適の竹材。竹幹表層部分に太くて硬い、強い竹繊維が密集している。内側ほど繊維密度は低くなり、柔らかい。ロッドにする場合、この硬い表層が竹竿本体表面に来るよう削り、三角棒を作る。それを6本合わせ、六角竹竿の形が作られる。

ロッド本体に竹肉の詰まったソリッド・ロッドの場合、接着面が全体に及ぶため、竹幹内側の柔らかい部分も当然使用する。それに対し、ホロービルト・ロッドでは竹肉の一部を削り取るため、必要になるのは硬い表層部のみ。私はこの点を踏まえて、ホロービルト・ロッド用竹材を改めて検討、トンキン竹以外の竹、つまり日本の竹にも可能性を探り始めた。

トンキン竹に較べ、日本の竹は竹繊維が細い。細いが、同一面積における繊維密集度は高く硬い。また、その重量はトンキン竹より13％前後軽い。竹割り、曲げ取り、削りなどの作業はやりやすかった。竹素肌も美しい。しなやかさと粘りもある。あとはロッドにした時の張りと強さ。これはまだ実験できていない。だが、ロッド・ビルダーとしての二十数年の経験と勘からすると、これも好結果を期待できそう。

日本の竹を使ったホロービルト・ロッドの可能性、私はロッドの進化のための可能性はとことん追求したい。現主材トンキン竹とともに日本の竹が使えるならおもしろい。

日本人の私が日本の竹でバンブーロッドを作る、そのことの意味は小さくないと思える。


話をホロービルト・ロッドに戻そう。

現在、釣り業界で主流を占めるグラファイト・ロッドやグラス・ロッドは、すべてパイプ形状の中空構造になっている。しかしこれらが生まれた当時は、バンブーロッド同様ソリッドの形状から始まっている。だがその形状では当然重く、鈍いアクションで使いづらかったため、現在の軽くて強いパイプ形状のロッドへと改良され、進化していった。

だが、バンブーロッドにおいては、その素材の特性と接着剤の強度面の不安からパイプ構造を形成することが難しく、ソリッド・ロッドが現在まで主流を占めてきた。

しかし近年、接着剤や塗料のテクノロジーの発達は目覚しく、竹材の接着合成や表面塗装など、パイプ構造を形成する上での製作上の欠点とされていた工程がほぼ完璧に処理できるようになったため、今後は優れた技術を持った職人の手によってできた中空構造のホロービルト・ロッドがバンブーロッドの主流となっていくことは間違いないだろう。

ただし、バンブーロッドはバンブーロッドである。バンブーの味を忘れたところにバンブーロッドの存在感はない。

外壁厚をどれくらいにするか、ダム厚をどれくらいにするか、肉抜きのピッチを幾つでいくか、ピッチ幅を同じでいくか、変えてやるか、ティップをどこまで抜くか、ティップの太さをどれくらいにするか、ドライフライ・アクション（先調子）でいくかセミパラボリック・アクション（6：4調子）でいくか……。

ソリッド・ロッドであればブランク外側のテーパー（先細形状）だけで決まったロッド・アクションが、ホロービルト・ロッドにおいては、外側とインターナル・テーパー（内側竹肉の削り）との兼ね合いでアクションがはっきり変わる。

バンブーらしさを持った優れたバンブーロッド、これは職人の腕の見せ所である。

今回出来上がった8フィート3番・2ピース、セミパラボリック・アクションの山女魚用ホロービルト・バンブーロッド。これは今まで市場になかった8フィートでシャープなアクションへの職人としての拘り。ロッド・ウェイトはわずかに98グラム。

まずはトンキン竹で軽く、シャープに、そしてバンブーロッドの味であるしなやかさとバネを備えて、美しく仕上がった。

祝い竿

２００６年12月24日。巷ではクリスマス。

いいなー、贈り物をもらえる人は……。

最近、贈り物としてアキマル・バンブーロッドを、と言う方が増えてきている。

クリスマス・プレゼントに、と言う方はまだ現れていないが、還暦祝いに、結婚記念に、娘の誕生を記念して……。「50歳の人生の区切りに、これからも頑張ってね！」と奥様からご主人に（俺の50は何も無かったぞー）、というのもある。社長就任記念、出版記念等々。

本人には内緒で、と微笑ましいのもあれば、頑張ってきた自分にご褒美、というのもある。

送り主が釣りをやらないため、製作に時間がかかるのを知らず、記念日当日は目録だけでも、という注文や、３年も前から、じっくり手間をかけ最高のロッドを作って下さい、との注文もある。

いずれにしても、人生の区切りの「祝い竿」は作っていて気持ちが良い。

祝いではないが、42歳の「厄除け御守り竿」というのもあった。

奥様が急に亡くなられ、荷物を整理していたら、ご主人のためのバンブーロッド預金の通帳が出てきたから、とのご注文をいただいた時には、思わず知らず涙がこぼれ、使っていた自分のリールを納竿時、どうぞ一緒に使ってやって下さい、とお譲りしたこともある。

気合の入ったロッドはまず間違いなく出来が良く、喜んでもらえる。

自分が作った竿で人が喜び、幸せを感じてくれる。つくづく幸福な仕事をさせてもらっていると思う。


竿作り（竹竿の前にグラファイト・ロッド作りを6年やっていた）を始めて、25年を迎えることができた。自分で言うのもなんだが、好きな仕事を25年も続けることができたのは素晴らしいことで、これはまさに続けさせてくれたお客様が居てくれたからにほかならない。

現在までに３２２本のバンブーロッドを作らせていただいたが、顧客名簿には１７８名のお名前しかない。１本だけ作らせていただいた方が82名、残りは２４０本。即ち、96名のお客様に２本以上のアキマル・バンブーロッドを繰り返しご注文していただいたこと、これが私の最大の自慢である。

竹竿を作り始めてからは19年、それで３２２本の製作ということは、年平均17本の計算。

私が1本のロッド製作にかける時間は約400時間、業界仲間の平均が200から220時間らしいから、工程の違いからこれは妥当な数。いずれにしても、リピートでご注文をいただけるということは、お客様がアキマル・ロッドを本当に気に入って下さっている証《あかし》。

作る者にとってこれが一番の励みであり、喜びであり、次のエネルギーの源。

「値段が高い、納期がかかるアキマル・ロッド」などという風評が私にも聞こえてくる。それらはあえて言わせておく。

私のペース、私のやり方でしか、アキマル・バンブーロッドは作れない。そのアキマルを理解していただける釣り人の竿を、今後も作り続けていく。

「しょうがねーな」と苦笑いするお客様の顔が浮かぶ。

御免なさい、感謝です。甘えさせていただきます。

長いよなー、25年。

継続は力なり。驕《おご》りではなく、継続させていただけたから腕が上がり、さらに良い竿や道具を作ることができ、それを使ったお客様が再び喜び、また次の竿の話を下さる。本当に幸せな竿屋だ。

最近、ちょっぴりとだが、予感する。良いバンブーロッドを作り続けていければ、生涯幸せでいられると……。

それにしても気になるのは、この煩いオヤジの還暦祝いロッド、誰が作ってプレゼントしてくれるの!?

聞いてるー？「竹竿塾」の生徒諸君！

２００８年11月5日、アメリカの新しい大統領にオバマが決まった。

アメリカが発端の大不況の中、新大統領がどういう仕事をしていくのか、世界が注目している。

おそらくまず最初に金融・経済政策の手を打ってくるのだろうが、地球温暖化に対するアメリカの姿勢も正してもらいたいものである。世界的な温暖化は経済にもリンクし、色々な所で弊害ばかりが出てきている。

釣り場も然り。あの世界的に有名なアイダホ州の大鱒釣り場ヘンリーズフォークでも、季節はずれの大雪が降り、ダムの農業用水量調節と絡んで魚の棲息に大きく影響して釣り場が悪くなってきていると聞く。

日本の山女魚釣り場も然り。台風や大雨による河川の荒廃は目を覆うばかり。

オバマさん、貴方がうまく舵取りをして、世界各国との協調路線で好成果を出せたら、その時初めて大統領就任のお祝いのバンブーロッド、7フィート9インチ4番の鱒用ロッド、〃ヘンリーズフォーク・スペシャル〃を私がプレゼントするよ。ヘンリーズフォークで〃マッチ・ザ・ハッチ〃の大鱒釣りを一緒に楽しもう。

プロは結果を出せ。これが私の〃モットー〃である。

セレンディピティ

今月の「竹竿塾」の授業は27日。

2003年から始めたプロフェッショナル・バンブーロッド・ビルダー養成塾「竹竿塾」。今まで卒業生が4人、修了生2人、在塾生が5期生二人、それに27日に授業に来る6期生3人。東京、千葉、群馬、埼玉、神奈川、山梨、鹿児島、熊本など全国から授業を受けにやって来る。皆それぞれに熱心だ。

かく言う私も21年前、アメリカまでバンブーロッド・ビルディングを習いに行った。アメリカのシアトル在住、日系3世のバンブーロッド・ビルダー、ユージーン三田《みつだ》さんに師事、そこでバンブーロッド製作を身に付けた。

それから今日まで、何とか無事にプロフェッショナルの竹竿屋を続け、今日に至っている。

そもそも私がプロのバンブーロッド・ビルダーになったきっかけ、始まりは偶然。

日本に遊びに来たユージーン三田さんが、山女魚釣りの情報が欲しくて釣り専門の出版社に電話した。そこの編集者が、有名なフライフィッシング・ライターで私の師である芦澤一洋さんを紹介。電話をすると、芦澤さんは快く三田さん夫妻を山女魚釣りに案内、三田さんがそのお礼として芦澤さんに自作のバンブーロッドをクリスマスに送った。私がバンブーロッドに興味を持っていることを知っていた芦澤さんが、三田ロッドを私に見せてくれた。

こんな流れ。私と三田さんの直接の接点から始まった話ではないのだ。もし出版社の人間が芦澤さん以外の人を紹介していたら、もし三田さんが出版社に電話していなかったら……。

三田ロッドが私と繋がったのは偶然なのだ。

偶然話は他にもたくさんのエピソードを持っている。

例えば、1986年、最初のアメリカ旅。

私のランディングネットが、世界最大のフライフィッシング団体であるザ・フライフィッシング・フェデレーション（F・F・F）の協会に買い上げられ、そのフライフィッシング博物館に永久展示・保存されることになったのも偶然。

その旅で初めて会ったダンバーさんがすごく気さくな良い方で、私も興が乗り予定外のランディングネットを彼にプレゼント、そのネットが博物館責任者の目にとまり、買い上げ展示となったのだ。

これには私にとってもう一つの幸運のおまけまでついてきた。翌１９８７年のＦ・Ｆ・Ｆの世界大会で、日本人として初のプレゼンテーション（講演）を依頼されたのだった。これもたまたま渡したお土産のランディングネットが生んだエピソードである。

まだある。

１９９１年の初頭だったと思う。アキマル・ロッドを鍛え進化させるためにアメリカで鱒釣りを毎年やりたい、そのためにどうしたらよいかと考えていたら、旅行代理店を始めた日高正博という男から突然の電話。

「アキマルさんと行くアメリカ釣り旅」を企画したので協力してくれ、と言うのだ。

私は即その話に乗った。

日高君とはそれまで縁もゆかりも一切なかったが、彼の情熱が強かったこと、その申し出を疑うことなくすんなりと受けたことが、結果として良かった。その旅の向こうでアメリカ、アイダホ州の大鱒釣りの名流ヘンリーズフォークの主、レネ・ハロップ氏との交流が生まれ、ヘンリーズフォークの釣りが私のロッドを鍛え、進化していったのは間違いのない事実である。

今こうして文章を書かせてもらっているのも、元をただせば偶然から。

1985年夏、雑誌記事の取材で北海道に。ところが、同行したカメラマンの写真の出来が悪かった。それでグラビア・ページのスペースを文章で埋めなければならなくなった。そこで、文章など書いたこともなかった私に、急遽文章依頼があった。断りきれなくて、大幅修正を編集部でやることを条件に書いた。

ところが、その文章がえらく評判がよかった。それがたまたま西日本新聞社文化部の田代俊一郎氏の目にとまり、私の1冊目の単行本『山女魚風よ吹け!』の話にまで発展していった。即ち、北海道取材のカメラマンの写真の出来が良かったら、私は今この本の文章を書いていない。

マスコミ対策として「アキマル」のイメージ作りやビジネスのサポートをしてくれたアパレルメーカー、エーボンハウス社の箸方孝義さんとは、衣装提供の話、アメリカ行きのスポンサーなどの話に広がっていった。これもたまたま住んでいた団地が同じということだけで始まった話。

最近の極めつけが、今私の主流となっているホロービルト・ロッドを作るためのホロー・マシンを見せてくれたジム・リームス兄貴。

3年前の2005年10月、雑誌『フライフィッシャー』誌のカリフォルニア取材。ライターの東智憲君が考えたアメリカのバンブーロッド・ビルダーとの対談記事で、彼が選んだ相手がジム・リームス。ジムはホロービルト・ロッドで有名なバンブーロッド・ビルダー。ただ、この人選は私の希望ではなく東君の独断。私のジム情報は皆無だった。

取材当日、ジムのリクエストに応じ、私が竹の曲げ取り作業をやって見せた。そのお礼にジムが自作のオリジナル・ホローマシンのすべてを私に見せ、教えると言い出した。ホロービルト・ロッド製作に私も数年前から関心を持っていて、近々に実現させたいと思っていたところに、突然のジムの申し出である。

最初は辞退した。最大の〝企業秘密〟なのだから、同業の自分が素直に申し出を受けられるわけがない。しかし、彼は見せると譲らなかった。

私が作りたいホロービルト・ロッドはダム式、インターナル・テーパー構造のもの。その作業ができるマシン、それがジムのマシンだった。

私は有難く彼の申し出を受けた。写真も質問もOK。コピー・マシンを作ってもよいと言うのだった。

6カ月後、ジムのマシンをベースにアキマルのオリジナル・ホローマシンが完成、現在アキマル・バンブーロッド全マークがホロービルト・ロッドになっている。

もし、彼が私に曲げ取り作業のリクエストをしていなければ、私のホロー・ロッドは未だ陽の目を見ないでいることだろう。

ジムとはロッド・ビルダーとしてお互いにリスペクトし合い、「ブラザー」と呼び合ってベスト・ロッドを交換し合うなど親しい付き合いが続いている。


偶然が続く私の人生。早かった60年。その途中、道を選択してきたのは私自身。

私の人生を決めた先記三田ロッドとの出会いをもう少し詳しく語ろう。

1986年春、芦澤さんに三田さんのバンブーロッドを見せてもらった。

その時、三田ロッドの素晴らしさに、背筋に寒気が走るような感動を覚え、その場で口走った。「芦澤さん、是非この三田さんを紹介して下さい」と。

この時、私の三田情報はゼロ。ロッドそのものの素晴らしさに魅せられての衝動的な発言。アメリカに住む三田さんにバンブーロッド製作を習いたい。彼のロッドを見た瞬間、そう思ってしまったのだ。

英語ができるわけではない。資金を潤沢に持っているわけでもない。修業期間がどれくらいかかるかも分からない。それどころか、三田さんに会ったこともなければ話したことさえなかった。

そんな人間に弟子入りをOKしてくれるか……可能性はゼロに近い。好条件のないない尽くし。それでも何故か、自分は三田さんの所へ習いにいくのだ、と思い込んでしまっていた。

この言葉を聞いた芦澤さん、やはり只者ではなかった。

「そう。それは面白いね。じゃ、三田さんに弟子入りの話をしてみようか」

そう言ってくれたのだった。

そして数週間後、三田さんから私の弟子入りの件内諾の返事をもらってくれた。


その年の7月、鱒釣りを兼ね、初めてアメリカに芦澤さんと出掛けた。その時、三田さんと直接会い、打ち合わせをした。

次の年、1987年8月から10月にかけて、シアトルの三田さんの工房で習うことが決まった。工房近くに小さな部屋を借り、毎朝9時から夕方6時まで、バンブーロッドの本体になるブランクが出来上がるまでの全工程を、手取り足取り細かく教えてもらった。

勿論、コミュニケーションは英語。毎日辞書を片手に、その日使うセンテンスを朝一つだけ決め、その日はそのセンテンスだけ使うなどの工夫をして、何とかジョークが言い合えるくらいになった。

それにしても……。

当時、カミさんと既に子供が二人居た。蓄えはなく借金があるくらい。その上に数カ月の無収入を承知の渡米だった。

今考えても呆れるほど無茶だった。ただどうしても、三田さんに習いたかったのだ。そこで兎にも角にも、それを実現させる方法を何とか捻り出し実現させた。

これが私の意思であり、私の選択で、結果このことが今ある人生を決めた。

さらに言えば、三田さんを紹介してくれた師・芦澤さん。

出会いは1978年、熊本で開かれた彼のキャスティング・スクール。

「東京に出て来ることがあれば遊びにおいで」と芦澤さん。

その言葉を真に受け、翌週仕事にかこつけ芦澤家に遊びに行った。そのスクールには10人以上の参加者が居て、芦澤さんから同じ言葉を聞いているはずだが、実際に芦澤家に伺ったのは私一人。他の人は芦澤さんの言葉を大人の社交辞令と取ったのか、それとも芦澤さんの魅力を感じることができなかったのか、誰も芦澤家を訪れていない。

それ以降、私は親しくさせていただいた。今の仕事を1981年に選んだのも、芦澤さんの影響からである。心から感謝している。

あの時、芦澤家を訪れていなかったら、私は間違いなく他の人生を歩いていたと思う。私はあの時、何のためらいもなく、芦澤さんの誘いを素直に受け、芦澤家を訪問した。

これが私の人生の方向を決めた。

大袈裟に、と思われるかもしれないが、これは本当。

書いたこともない文章を書いたのも、無茶してアメリカ行きを決めたのも、新機軸ホロービルト・バンブーロッド製作を60近くになって開始したのも、すべて私の選択、私の意思、私の人生である。


私が何かを本気でやろうとすると、何の脈絡もなく、協力者や応援者が不思議と突然現れる。必ず現れているのだ。

セレンディピティ。偶然の中に在る幸運を見つけ出す人、または幸運を見つけ出す才能。

私はこの才能を持っているのだと思える。応援者に恵まれる才能(?)かも知れない。そう思える人生が幸福だと思える。

偶然を通り過ぎてしまうか、その中に進むべき幸運の道を探し出せるか。

私は運命論者。その人が☆星を持っているか？ 否か？ ……そう思う。

と言いつつ、人生偶然なのか、必然なのか、本当のところは「神のみぞ知る」である。

さて、ここで今まで応援してくれた多くの方々に改めて感謝いたします。

さあ、これからも無茶をやりますよ!! 応援して下さいよー!!

エッ!? 意味が違う!?

初出一覧

8年越しの約束――書き下ろし
ボルサリーノが似合う歳月――2005年記
春が来た――2005年記
田主丸スロー・ライフ――2005年記
3月1日、山女魚釣り解禁日――書き下ろし
5月、フライフィッシング・バンパイアの季節――『山女魚風よ吹け！』（葦書房、1987年）より抜粋・加筆
ほんとうの渓――『山女魚風よ吹け！』より抜粋・加筆
生命を持つ糸巻器――『山女魚風よ吹け！』より抜粋・加筆
プロで生きるということ――書き下ろし
目覚めよ！　萎びかけた釣り心――書き下ろし
私のバンブーロッド――書き下ろし
意識のないところで――『バンブーロッド・ラプソディー』（西日本新聞社、2001年）より抜粋・加筆
カリフォルニアの休日――『フライフィッシャー』誌掲載分（1995年）に加筆
サンディング――『バンブーロッド・ラプソディー』より抜粋・加筆
竹竿屋の幸せ――書き下ろし

6月のワルツ——書き下ろし
焼き入れ——『バンブーロッド・ラプソディー』より抜粋・加筆
男たちは…——『GQ』誌掲載「ロッキーの鱒を求めて」（1993年）に加筆
プライド——書き下ろし
曲げ取り——書き下ろし
伝えたいエピソードが一つ——書き下ろし
竹竿屋の風景——書き下ろし
2008年、それぞれの旅——書き下ろし
祈りを込めて——書き下ろし
天空のランチ——『フライフィッシャー』誌掲載分（2005年）に加筆
生涯現役竹竿屋——2005年記
21世紀バンブーロッド——書き下ろし
祝い竿——2006年記
セレンディピティ——書き下ろし

あとがき

バンブーロッドはフライフィッシングの道具として、大半のフライフィッシャーが「自分もいつかは……」と憧れ、夢見る最高の道具。

先日、千葉から「竹竿塾」に習いに来ている塾生・細川大輔が、接着工程を終えて言った。接着が終わると、はっきりとテーパー状になった六角ブランクの形が実際に見える。このことから嬉しくて出た言葉。

「バンブーロッドが自分に作れるなんて、2年前までは思ってもいませんでしたよ」と。

この言葉に約20年前、アメリカでバンブーロッド・ビルディングを習った時の思い出が重なった。

細川を始め、大半の「竹竿塾」塾生が全国から飛行機を使って、毎月1回か2回、福岡のアキマル工房までバンブーロッド・ビルディングの勉強にやって来る。

私は約20年前、アメリカのワシントン州シアトルに小さな部屋を借り、言葉の通じないアメリカ人の先生にみっちりバンブーロッド・ビルディングの基礎を教わった。おそらく塾生と私のバンブーロッドを勉強したいという情熱と意識、そして苦労の大変さは同じレベルだろう。

そこまでしても、どうしてもバンブーロッドを作りたい。そこまで思って「竹竿塾」の授業が始まるのだが……。

バンブーロッドを形作ることについては、「竹竿塾」でしっかり勉強すれば相当ハイ・レベルの表現が必ずできるようになる。

ところが大切なのは、その後ロッドのグレードをもっとハイ・レベルにするための努力。それは、そのロッド内に込められる性能であり、それが重要。

これは教えられるものではない。

作り手がどんな考えを持ち、どんなロッドにしたいのか、明確なコンセプトが必要になる。そのためには作り手が釣り（そのロッドを使った釣り）をしっかりでき、その釣りを分かっていないとなかなか難しい。

作り手がちゃんとフライ・キャスティングをできないと、ロッドの良し悪しは判断できない。

さらには、作り手のオリジナリティ＝色が大事。

釣りとキャスティングができた上で、どれだけの貴重な釣り経験をしているか。

そして、作り手がどれだけフライフィッシングが好きか。

私がバンブーロッド作りを教え伝える時、塾生の未来をこれらの要素で予感、時に危惧する。


二十数年、バンブーロッドを作り続けて見えた真理が一つ。

ロッドの良し悪しの最終回答を出してくれるのは、釣りの相手をしてくれる山女魚や鱒たちでしかありえない。

少なくとも私のバンブーロッドは、私の山女魚、岩魚、鱒釣りの好きの度合いと三十数年の釣り経験の積み重ねから生まれている。

来シーズンから初心に戻り、山女魚釣り、岩魚釣りの原点、森に囲まれた透明の流れででできる限り釣り、その鱒たちと自然の美しさとそこで過ごす心地良さを改めてロッドに練り込んで行こうと考えている。

私はアキマル・バンブーロッドをさらに進化させ、釣り人に常に夢見てもらえる最高の〝道具〟にしたいといつも考えている。そのためにはもっと釣らなければ。

まだまだ私のバンブーロッド・ビルダーとしての旅は続きそうだ。

この旅をここまで続けさせてくれた多くの方々にこの場を借りて感謝し、お礼を申し上げたい。

まずは小倉健二郎夫妻、杉町満正夫妻と高守五男氏、あなた方の応援で今の私があることに感謝しています。

そして、フライフィッシングの真の面白さを教えてくれた故芦澤一洋氏、バンブーロッド作りの楽しさを教えてくれたユージーン三田氏、ホロービルト・マシンの秘密を惜しげもなく教えてくれたジム・リームス氏、アキマル・ロッドを鍛え育ててくれた伏見邦幸さん、安斎文夫さん、甥の小倉大助を始めとする釣り仲間たち、アキマル・ロッドを世に知らしめるサポートをしてくれた若杉隆氏を始めとするつり人社編集部の方々、いつも素晴しい写真を撮ってくれた津留崎健さん、フライキャスティングの美しさを教えてくれた東智憲さん、ブランド・イメージの大切さを教えてくれた箸方孝義氏、文章を綴ることの楽しさを知らしめてくれた田代俊一郎さん、皆さんに改めて感謝です。

今回意気投合し、この本の制作のすべてを引き受けてくれた別府大悟氏を始めとする海鳥社の皆さん、素敵な写真を撮ってくれた相薗佑香さん、この本のきっかけを作ってくれた「団塊マガジン」の福島憲次さん、写真や原稿作りなどで協力してくれた青木礼司君、野田和洋君、「竹竿塾」の諸君、柳沢正明さん、イラストを描いてくれた娘ちかこ。

そして、アメリカの鱒釣りの凄さとヘンリーズフォークの楽しさを教えてくれたブラッド、レネー、マイクとダンバーさん。最後に伊勢正三さん、油井敬助さんを始めアキマル・バンブーロッドのオーナーの方々、本当に有難うございました。
是非、また釣りをご一緒させて下さい。

２００８年12月４日

秋丸修一

秋丸修一（あきまる・しゅういち） 1949年，北九州市生まれ。バンブーロッド・ビルダー。世界最大のフライフィッシング団体F．F．Fのインターナショナル・フライフィッシングセンター（フライフィッシング博物館，米国モンタナ州）と東京釣具博物館にバンブーロッドやランディングネットなどが永久展示・保存されている。著書に『山女魚風よ吹け！』（葦書房，1987年），『バンブーロッド・ラプソディー』（西日本新聞社，2001年）がある。福岡県久留米市田主丸町に在住。
http://www.akimaru-rods.com

22年目《ねんめ》のバンブーロッド

■

2009年 2 月20日　第 1 刷発行

■

著者　秋丸修一

発行者　西　俊明

発行所　有限会社海鳥社

〒810-0074 福岡市中央区大手門 3 丁目 6 番13号

電話 092(771)0132　FAX 092(771)2546

http://www.kaichosha-f.co.jp

印刷　モリモト印刷株式会社

製本　小高製本工業株式会社

ISBN978-4-87415-711-4

[定価は表紙カバーに表示]

JASRAC 出 0900356-901